FAO中文出版计划项目丛书

U0644437

中国和南非投资者视角下的对非农业境外投资

联合国粮食及农业组织　编著

赵学尽　于圣洁　刘芳菲 等　译

中国农业出版社
联合国粮食及农业组织
2022·北京

引用格式要求：

粮农组织和中国农业出版社。2022 年。《中国和南非投资者视角下的对非农业境外投资》。中国北京。

06-CPP2021

本出版物原版为英文，即 *Extraterritorial investments in agriculture in Africa：the perspectives of China and South Africa*，由联合国粮食及农业组织于 2020 年出版。此中文翻译由农业农村部农业贸易促进中心安排并对翻译的准确性及质量负全部责任。如有出入，应以英文原版为准。

本信息产品中使用的名称和介绍的材料，并不意味着联合国粮食及农业组织（粮农组织）对任何国家、领地、城市、地区或其当局的法律或发展状况，或对其国界或边界的划分表示任何意见。提及具体的公司或厂商产品，无论是否含有专利，并不意味着这些公司或产品得到粮农组织的认可或推荐，优于未提及的其他类似公司或产品。

本信息产品中陈述的观点是作者的观点，不一定反映粮农组织的观点或政策。

ISBN 978-92-5-136818-3（粮农组织）
ISBN 978-7-109-29969-6（中国农业出版社）

FAO中文出版计划项目丛书

译审委员会

前　言
FOREWORD

当我们探讨以土地为基础的农业投资时，其实际涉及的土地面积是多少？无论国际还是国内，境内研究往往低估了以土地为基础的农业投资的面积，然而媒体报道却夸大了这类投资的面积。不仅文献数据差异很大，对这类投资的看法同样也差异很大。

土地投资的环境差异很大，农业制度、权属权利和政府政策存在多样性。特别是当投资者在寻找当地社区已经使用的土地时，土地收购可能会严重影响当地社区的合法权属权利、粮食安全和百姓生计。这些以土地为基础的投资交易的目的各不相同，因为它们涉及一系列利益，从粮食、饲料或生物燃料生产，到收集林业产品，或用于金融投机的非生产性土地使用。

以土地为基础的农业投资涉及一个复杂的相互关联的全球利益体系，其反映出不同的观点。母国和东道国的国家政府都发挥着关键作用。在东道国，政府已经确定了农业投资用地的数量和位置，设立了投资促进机构提供"一站式"服务。然而，政府也试图对某些领域提供保护来限制有关投资（例如，生物多样性原因、保护原住民、确保粮食安全）。由于地方利益（个人的或社区的）、财富、权力、地位和性别差异，这些土地投资对当地社区人口的影响也各不相同。国家政府关于将土地和自然资源分配给投资者的决定，不仅在投资时会影响到大量人口，还会影响到子孙后代。在母国，国家政府采取的政策对世界其他地方产生了影响。因此，母国和东道国的国家政府在平衡各种利益方面都发挥核心作用。

鉴于未来农业领域的投资可能会增加，而农业对粮食安全和粮食营养至关重要，因此很有必要研究分析当地社区和投资者如何平衡母国和东道国的权属权利和利益。作为农业投资的结果，任何形式的权属交易都应是无害的、保护合法权属所有者免遭权利剥夺、避免环境被破坏并应尊重人权。

因此，根据现有的国内法和国际法，投资者的母国以及支持在其他国家进行投资的国家，都应根据现有的国家和国际法规定，并适当考虑到适用的区域和国际文书规定的自愿承诺，确保农业投资行为尊重和保护人权，并满足东道国的环境标准。建议在开始任何投资之前，东道国应与当地受影响社区和所有其他各方进行协商，以便让各方都更好地了解这项投资将如何影响社区赖以维持生计的土地和自然资源，以及社会和文化活动。通过对土地权属和自然资源实行负责任治理，鼓励负责任投资，促进社会可持续性和经济发展，并保障粮食安全和粮食营养。

致　谢
ACKNOWLEDGEMENTS

本书主要研究中国和南非投资者视角下的对非农业境外投资负责任权属治理，由 Louisa J. M. Jansen、Pedro M. Arias 和 Darryl Vhugen 编写，张海森、李先德和程方（第二章），以及非洲发展新伙伴计划商业基金会（第三章）亦为本书编写做出贡献。

本书得益于 Fabiano de Andrade Correa 和 Marianna Bicchieri 对早期草案的审查。

本书英文版由 Alice R. Lloyd 编辑，Luca Feliziani 设计封面，Maria Guardia 设计版面。

联合国粮食及农业组织感谢英国政府（国际发展部）为本书编写提供的财政支持。

缩 略 语
ACRONYMS

AaA	非洲商业农业发展促进会
ABSL	阿达克斯生物能源公司塞拉利昂
ADB	亚洲开发银行
Agri – Vie	非洲食品和农业企业投资基金
API	马里共和国投资促进局
AU	非洲联盟
BIT	双边投资协定
BBB – EE	广泛黑人经济赋权
BOT	建造-运营-移交
CAADP	非洲农业发展综合计划
CDB	中国国家开发银行
CFS	世界粮食安全委员会
CFS – HLPE	世界粮食安全委员会粮食安全和营养问题高级别专家小组
CFS – RAI	世界粮食安全委员会农业和粮食系统负责任投资原则
CNY	人民币
CSO	民间社会组织
CSR	企业社会责任
DADTCO	荷兰农业发展与贸易公司
DAFF	南非农业、林业和渔业部
DFI	开发性金融机构
DIRCO	南非国际关系与合作部
DFID	英国国际发展部
DRC	刚果民主共和国
DRDLR	南非农村发展和土地改革部
DBSA	南非开发银行
DTI	南非贸易和工业部
ECIC	南非出口信用保险公司

EDD	南非经济发展部
EUR	欧元
EXIM	出口-进口
FAO	联合国粮食及农业组织
FECC	中国农业农村部对外经济合作中心
FEMA	外汇管理法
FDI	外国直接投资
F&G	非洲土地政策框架和准则
FPIC	自由、事先和知情同意原则
IDC	南非工业发展公司
IFAD	国际农业发展基金
IFI	国际金融机构
IFPRI	国际食物政策研究所
IIA	国际投资协定
IIED	国际环境与发展研究所
ILC	国际土地联盟
ILO	国际劳工组织
IPAP	南非工业政策行动计划
ITED	南非国际贸易经济发展局
LPI	非洲联盟土地政策倡议
LSLBIA	以大规模土地为基础的农业投资
MoU	谅解备忘录
NABARD	国家农业和农村发展银行
NBF①	非洲发展新伙伴计划商业基金会
NDP	南非国家发展计划
NEDLAC	国家经济发展和劳工委员会
NEPAD	南非发展新伙伴计划
NGO	非政府组织
NIPF	南非国家产业政策框架
OECD	经济合作与发展组织
OFDI	对外直接投资
PAFO	泛非农民组织
PIC	公共投资公司

---

① 原文为 NBD，应是技术错误。——译者注

PPIB	《投资促进和保护法案》，2015 年
PPP	政府和社会资本合作
PPPP	政府和私人资本合作
PRAI	负责任农业投资原则
RDC Moz	区域开发公司，莫桑比克
SACAU	南部非洲农业工会联合会
SACU	南部非洲关税同盟
SADC	南部非洲发展共同体
SCO	上海合作组织
SOE	国有企业
SRI	社会责任投资
SSC	南南合作
TAU	德兰士瓦农业联盟
TIC	坦桑尼亚投资中心
TISA	南非贸易和工业部贸易和投资局
UNCTAD	联合国贸易和发展会议
USAID	美国国际开发署
USD	美元
VGGT	《国家粮食安全范围内土地、渔业及森林权属负责任治理自愿准则》
WFP	世界粮食计划署
ZAR	南非兰特
ZDA	赞比亚发展署

执行摘要
EXECUTIVE SUMMARY

2008 年全球粮食价格危机和 2010—2011 年粮食价格反弹，引发了对粮食问题的广泛关注。一方面，粮食供应依赖于国际市场采购的国家，将粮食价格飙升视为对本国粮食安全的威胁。另一方面，投资者从价格飙升中发现了在农业领域进行获利投资的机会。无论是威胁还是机会，粮食价格飙升都提高了人们对非洲的兴趣，因为非洲土地肥沃但潜力尚未充分挖掘。非洲土地收购，特别是以大规模土地为基础的农业投资（Large - Scale Land - Based Investments in Agriculture，LSLBIA）对当地社区的影响，成为突出的政策和学术主题。不幸的是，由于缺乏经验证据，很难对这一现象进行量化，要么是单纯基于理论进行研究，要么是基于传闻轶事式的证据展开讨论。鉴此，本书另辟蹊径，探讨来自中国和南非的投资者对投资非洲农业感兴趣的原因。

本书探讨了投资者对非洲感兴趣的原因，以及这些原因与《国家粮食安全范围内土地、渔业及森林权属负责任治理自愿准则》（简称《自愿准则》）之间的关系。2012 年 5 月，世界粮食安全委员会签署并发布了《自愿准则》，以帮助各国改善其权属治理并造福全体民众。《自愿准则》重点强调对于脆弱和边缘化人群，目标是粮食安全和逐步实现充足食物权、消除贫困、可持续生计、社会稳定、住房保障、农村发展、环境保护和可持续社会经济发展。

《自愿准则》虽然主要针对政府，但也包含适用于私营部门的重要条款。它们专注于帮助投资者以承认和尊重合法权属和人权的方式推进项目。此外，《自愿准则》还鼓励在土地、森林和渔业方面进行负责任投资的良好实践。《自愿准则》是一项宝贵工具，可以帮助投资者将风险降到最低，同时保障当地社区的权利。

尽管对非以大规模土地为基础的农业投资主要来自西方国家，但中国和南非也是该地区以大规模土地为基础的农业投资的重要来源。由于各种原因，中国和南非未来对非投资可能还会增加。一是中国土地面积虽然位居世界第三，但是进一步开发土地进行农业扩张的能力有限。二是南非的二元农业经济正在阻止位于资源丰富地区的商业农业向偏远、资源贫乏的地区扩张。在偏远和资源贫乏地区，以生存为基础的小规模生产十分普遍。

本书对来自中国和南非的选定投资者进行评估，并探讨了这些国家政府在多大程度上采用了与对非以大规模土地为基础的农业投资有关的《自愿准则》所代表的最佳实践。它包含了两项个案研究成果（每个国家一项），主要研究问题如下：

- 各国投资者对非境外以大规模土地为基础的农业投资的性质、范围和规模如何？
- 各国政府在对非境外以大规模土地为基础的农业投资中发挥了什么作用，是否出台了有关政策或法律来规范和管理这些投资？
- 这些国家对非以大规模土地为基础的农业投资是否遵守为促进负责任投资和可持续公平发展而制定的国际和区域准则？
- 为促进这些国家在非洲进行更负责任的投资，可以做些什么？

政府政策

中国企业对非以大规模土地为基础的农业投资虽少于南非企业，但在两国政府中，中国政府一直积极通过法律规定，要求或大力鼓励国内企业在多个方面成为负责任投资者。虽然这些规定的正式法律效力尚不清楚，但《中国投资者对非农业投资》章节的作者强烈建议，中国公司必须遵守这些规定。虽然这些规定中没有明确提到《自愿准则》，但其中有些规定涉及《自愿准则》中所涵盖的实质性问题。

南非政府似乎没有明确要求其公司成为负责任投资者的法律或政策。南非政府监管其公司的外国直接投资，但缺乏要求其公司采取负责任投资做法的法律或政策。虽然政府已经采纳了鼓励农业投资的政策，但它还没有通过有关负责任投资做法的法规。南非贸易和工业部（DTI，简称"南非贸工部"）发布了一套自愿准则，这些准则总体上与一些负责任投资的做法相一致，但是它们对尊重土地权利、协商和参与以及《自愿准则》其他关键组成部分则并未提及。

投资者和投资概况

《中国投资者对非农业投资》一章中描述的大多数投资者是国有企业和少数小型民营企业。《南非投资者对非农业投资》一章中所描述的南非投资者大多是私营企业。

来自中国和南非的投资者通过购买或租赁方式大规模收购土地，有时直接通过东道国政府进行。在国别案例研究中，中国和南非企业还采用了其他几种模式，其中一些模式涉及直接与当地农民接触，但并没有获得土地权属。

根据南非公司报告，它们在非洲其他地方的以大规模土地为基础的农业投资失败率很高，因此越来越不愿意从事这类活动。《中国投资者对非农业投资》章节的作者并没有直接讨论他们所研究的投资的财务结果。该章作者指出，中国公司对非以大规模土地为基础的农业投资面临着几项重大挑战。其他报告显示，中国企业对非或其他发展中国家的以大规模土地为基础的农业投资总体表现不佳，这可能会导致中国投资者将目光转向其他地区。

中国和南非投资者有关负责任投资的政策和做法

总体而言，两国投资者似乎对《自愿准则》缺乏认识。一些南非投资者似乎对负责任投资原则有一般性理解。事实上，南非的公司似乎更加认识到尊重合法权属和与当地社区合作的重要性。参与案例研究的一些中国公司指出，他们试图尊重当地的土地权属，但是效果并不理想，因为他们单纯依赖于官方土地记录，对习惯性土地权属缺乏理解，而当地的习惯性土地权属权利很少出现在官方记录中。

建议

在本书中，两国作者为本国政府和投资者提出了对非以大规模土地为基础的农业投资和《自愿准则》有关的建议。《南非投资者对非农业投资》一章中，作者强调有必要掌握关于对非以大规模土地为基础的农业投资的交易性质和交易范围的更好信息，并建议政府可以要求公司提供此类信息。

在遵守《自愿准则》适用条款方面，来自南非和中国的作者们都更支持基于规则的方法，中国的作者更支持依赖国际规则和条约，而南非方面的研究建议南非政府采取更严格的监管。每个国家都必须决定是明确要求还是仅仅鼓励本国公司进行负责任的投资。

《南非投资者对非农业投资》一章针对南非公司的建议，与《自愿准则》的文字和精神相一致。了解投资者代表们对这些建议的看法将是有益的，特别是在可行性、合规成本以及执行这些建议所需的额外能力和工具方面。

《中国投资者对非农业投资》一章针对中国投资者的建议则更为笼统，与《自愿准则》的内容联系也不那么紧密。虽然作者建议投资者更熟悉负责任投资工具（包括《自愿准则》）的内容，但中国的许多指南和说明包含了《自愿准则》要素却并没有明确提及它。无论如何，中国对非以大规模土地为基础的农业投资的投资者都将从涵盖了《自愿准则》基本原则的政策和做法中受益。

总之，案例研究表明，中国和南非对非以大规模土地为基础的农业投资的投资者都应对《自愿准则》相关规定提高认识、增强实施能力。按照《自愿准则》行事可以帮助投资者更好地理解和管理在发展中国家投资土地资产所固有的重大财务、法律、业务和信誉风险。中国和南非政府可以为两国企业提供支持，国际社会、多方利益相关者伙伴关系和行业协会也可以提供支持。这样做可以使每个人，包括投资者、当地社区和政府，都能从投资中受益。

目 录
CONTENTS

1 绪 论

本章作者：Louisa J. M. Jansen，粮农组织土地权属组；Pedro M. Arias，粮农组织贸易和市场司；Darryl Vhugen，粮农组织高级自愿准则和投资顾问。

1.1　背景和依据：需要对农业进行更负责任投资

为了实现联合国《2030 年可持续发展议程》中关于在全世界消除贫困和饥饿的目标（可持续发展目标 1 和 2），需要大量额外投资。预测显示，2016—2030 年期间，对社会保护和扶贫生产活动的额外投资平均每年需要 2 650 亿美元——其中，1 400 亿美元需用于对农村发展和农业的投资。值得注意的是，这方面的投资需要公共部门和私人部门共同支持（粮农组织、国际农业发展基金和世界粮食计划署，2015）。

在许多国家，农业生产率低下和生产停滞可以归因于几十年来对农业的忽视或低水平投资（粮农组织，2015）。此外，各种因素融合提高了人们对粮食安全、农业发展路径和土地治理等全球问题的认识（粮农组织，2012a）。气候变化导致农业生产率下降；由于农业生产增加，肥沃的土地和水资源短缺；把肥沃土地用来种植生物燃料作物而非粮食作物的竞争日益加剧；生物多样性保护或碳封存计划导致农业面积减少；以及城市化快速发展对粮食需求的增加，这些都是威胁粮食安全的因素（粮安委粮食安全和营养问题高级别专家小组，2011；Cheru 和 Modi，2013；粮农组织，2014）。还有其他因素，如商品价格波动（German 等，2013；Minot，2014）和人口增长预测，即 2050 年将有 90 多亿人居住在地球上，也增加了不稳定性（粮农组织，2009）。据预测，到 2050 年，粮食产量必须增加 70%，才能养活更多、更城市化和日益繁荣的全球人口。随着时间推移，人口压力增加也导致大多数小农农场的规模不断缩小（Jayne 等，2014）。

幸运的是，未来对食物、水和能源需求的预期，使土地投资越来越有吸引力（Cheru 和 Modi，2013）。尽管投资对于应对上述挑战至关重要，但投资应以负责任的方式进行，避免对社会和环境造成负面影响，如破坏当地生产系统和农村社区生计、造成环境退化和水资源短缺（粮农组织，2019）。农业和粮食系统负责任投资被定义为：创造生产性资产和集资，以支持实现粮食安全、营养和可持续发展。重要的是，负责任投资需要尊重、保护和促进人权，包括食物权，以及可靠、连贯和透明的法律框架（粮安委，2014）。最近，以大规模土地为基础的农业投资得到越来越多的关注。那些似乎没有什么利润或价值的土地，近来也成为各类利益相关者投资的对象。允许对"未利用的""闲置的"或"丰富的"农业用地进行商业投资，被看作是一种发展机会，可以更好地开发利用这些土地，还能创造就业机会，带来知识和技术转移，引入基础设施、学校等（Schultz，2016）。这样就把开发利用农业土地的能力转化成为从收

2

获农产品中获利的能力，转化为人们生产产品、获得利益的土地管理行动（粮农组织，1999）。这种能力与社会中的（等级）权力动态有关。因此，利用土地以从其资源中获益的一项核心要求是获得土地。这些利益通常被认定为谁能够从资源中生产最多的资本，因而忽略了无法用货币表达的价值维度，或者忽略了被认为资本回报效率较低的土地使用。根据世界粮食安全委员会粮食安全和营养高级别专家小组的记录（粮安委粮食安全和营养问题高级别专家小组，2011），以大规模土地为基础的农业投资引发了激烈辩论，并对未来的农业、粮食安全和环境产生了深远的影响。由于在全球层面获得土地和自然资源的机会不平等，以大规模土地为基础的农业投资在国际层面就显得尤其重要。这些投资不仅会对那些拥有合法权属的人产生重大影响，也会对后代产生重大影响（Jansen 和 Hilton，2016）。因此，中央政府在管理和谈判农业投资方面扮演重要角色，制定条款和条件来平衡当地土地所有者、社区和投资者之间的利益。

土地权属及其治理是消除饥饿和贫困的关键因素。环境可持续利用和负责任农业投资都依赖于良好治理和保障土地权属。许多人的生计，特别是农村穷人的生计，依赖于获取和控制土地和其他自然资源。这些自然资源提供了食物和住所，是社会、文化和宗教实践的基础，以及经济增长的核心因素（Munro Faure 和 Palmer，2012）。有保障的土地权属为实现经济增长、增强粮食和营养安全、减少冲突和改善自然资源管理提供了基础。保障土地权属能改善总体投资环境，从而促进投资增加（粮农组织，2012a）。

评估农业投资是否负责任，例如评估用于或可能用于此类投资的投资模式，以及在此过程中如何看待和处理土地权属，是确定对有关利益相关者影响的关键。

1.2 负责任投资的有利环境：《自愿准则》和《农业和粮食系统负责任投资原则》

许多负责任投资者目前发现，东道国农业投资环境非常不利。权属管理薄弱，加上体制、政策、社会和法律框架薄弱，使这些国家很难吸引国家发展所需的投资。对投资者来说，风险大于机遇。此外，投资者往往缺乏有关如何负责任行事的指导，不了解国际标准以及应该遵循哪些良好做法。

为了引导投资转向更负责任、更可持续的模式，投资者、利益相关者、母国和东道国政府可以参考利用国际指导性原则，包括通过改善权属治理来规范和管理投资。2010 年，世界粮食安全委员会（简称"粮安委"）第 36 届会议上审议了农业权属和负责任投资，见插文 1。粮安委一致认为，尽管这些领域有相互重叠之处，但由于并非所有权属和投资问题都相互关联，因此应编制两份单独的指导文件。2012 年 5 月 11 日，粮安委正式批准了《国家粮食安全范围内土地、渔业及森林权属负责任治理自愿准则》（粮农组织，2012c），2014 年 10 月 15 日批准了《农业和粮食系统负责任投资原则》（粮安委，2014）。

《自愿准则》代表了国际社会对土地权属管理负责任做法原则和标准的全球共识（Palmer 等，2012）。它们鼓励透明、公平、安全地获得和控制土地、渔业和森林，通过保护数百万人（其中许多是穷人和粮食不安全人口）的正式或非正式合法权属，来促进粮食安全和可持续发展。需要指出的是，《自愿准则》虽然是自愿性质的，但它是基于且助力于在有关领域（例如人权）具有国际约束力的协议、原则和标准，旨在为促进全球消除饥饿和贫困做出努力，以及促进可持续发展。各国和其他利益相关方在制定自己的战略、政策、立法、方案和活动时，可以使用《自愿准则》，以改善其权属治理。该《自愿准则》支持各国政府、民间社会、私营部门和公民判断其自身行动和他人行动是否属于可接受实践。

> ◯➤ **插文 1 粮安委是什么，它在《自愿准则》中的作用是什么？**
>
> 　　世界粮食安全委员会（粮安委）是最具包容性的国际和政府间平台，所有利益相关方都能借此共同努力，确保人人获得粮食安全和营养。粮安委每年通过联合国经济及社会理事会（经社理事会）向联合国大会报告并同时向粮农组织大会报告。粮安委由会员、参与者和观察员组成。该委员会的成员资格面向粮农组织、农发基金或世界粮食计划署的所有成员，以及虽非粮农组织成员但属于联合国成员的国家开放。
>
> 　　粮安委采用多方利益相关者、包容性方法，制定并批准关于广泛粮食安全和营养问题的政策建议和指导意见。这些建议和指导意见是根据粮食安全和营养问题高级别专家小组（HLPE）编制的科学和循证报告而给出的，粮农组织、农发基金、世界粮食计划署和粮安委咨询小组代表为此提供技术支持。
>
> 　　《自愿准则》以粮农组织领导的包容性协商进程为基础。2009—2011 年，政府官员、民间社会组织、私营部门代表和学者识别并评估了将列入《自愿准则》的问题和行动。2011—2012 年，粮安委牵头的政府间谈判最终确定《自愿准则》，其中包括了国际机构、民间社会组织、农民协会、私营部门代表和研究机构的参与。
>
> 　　资料来源：粮安委（参见 http：//www.fao.org/cfs/en/）。

要在以土地为基础的负责任农业投资问题上应对挑战、开拓机遇，其核心是负责任的权属治理。从粮食安全和权属的角度解决农业投资问题至关重要，因为它可以：

- 保护土地和自然资源的合法权属，包括基于小农和基于惯例的当地社区的权利；
- 促进投资者获得真正可用的土地，最大限度地降低风险；
- 鼓励包容性和可持续的商业模式，与当地农民共享价值，不涉及土地转让，同时为当地社会创造利益，促进环境可持续性。

虽然国家政府是《自愿准则》的主要目标，但其中一些关键条款针对的是其他非政府行为者，包括企业和私营部门投资者。投资者、母国及东道国政府可以鼓励公司将《自愿准则》的规定纳入其政策和实践中，包括以下各项：

（1）尊重合法权属

根据《自愿准则》，"包括商业企业在内的（非）国家行为体有责任尊重人权以及合法权属权利；商业企业应尽力避免侵害他人人权及合法权属权利。企业应采纳合适的风险管理体系，防止并消除对人权及合法权属权利的不良影响"（《自愿准则》第3.2段）。

为了进行尽职调查和管理风险，《自愿准则》建议投资者"……确认并评估可能涉及的合法权属"（《自愿准则》第3.2段）。

➡ 插文 2　合法权属权利

《自愿准则》认为"合法"不仅是那些由国家法律正式承认的权属，还有那些在当地社会中被认为是社会合法但尚未得到法律保护的权利（见《自愿准则》第4.4、5.3和7.1段）。

《自愿准则》还规定："负责任的投资不应造成不良影响，应保障合法权属权利人的权利不被剥夺，避免破坏环境，并尊重人权"（《自愿准则》第12.4段）。投资者被告知，他们"有责任尊重国家法律和立法，承认和尊重他人的权属权利和法律规则"（《自愿准则》第12.4段）。

《自愿准则》的一个基本目标是性别平等。农业投资对妇女的影响往往大不相同，甚至影响更大（有关性别平等权属治理的更多指导，见粮农组织，2013）。因此，《自愿准则》指示农业投资合同各方确保"谈判进程应不带歧视，并关注性别问题"（《自愿准则》第12.11段）。

（2）磋商和参与

《自愿准则》促进与所有受投资影响的公民进行有效磋商，使他们得以参与到投资活动中（《自愿准则》第3B6段）。他们敦促各国政府和其他各方（包括投资者）与所有利益相关者进行有效协商，包括"土著居民及其他具有习惯权属体系的社区、小农及任何可能受到影响的人群……"（《自愿准则》第7.3段）。① 土著人民受到特别关注，因为投资项目对其土地权属产生影响，因此在项目开始之前，需遵守自由、事先和知情同意原则征得其准许（《自愿准则》第9.9段）。其他社区有权进行磋商和参与（《自愿准则》第12.7段）。

（3）不满与纠纷处理

《自愿准则》承认，政府负有制定和实施机制以解决权属争端的主要责任。建议各国政府"提供诉诸司法的途径，以处理侵犯合法权属权利的行为。各国应通过司法机构或其他方式向所有人提供有效、便利的手段，以解决与权属权利相关的纠纷，为人们提供负担得起的和及时执行的结果。"[《自愿准则》第3.1（4）段]，"包括解决此类纠纷的替代方法……"（《自愿准则》第4.9和21.1段）。这种机制"在地点、语言和程序方面都应方便大众使用，包括男性和女性"（《自愿准则》第21.1段）。

（4）透明和腐败

在《自愿准则》若干章节中，强调了透明度和避免腐败方面的重要性，这涉及参与和受土地投资影响的所有各方（《自愿准则》第10.5、11.4、11.7、12.3和12.11段）。其他一些章节皆在提高投资活动透明度，并敦促利益相关方避免与征用和补偿、权属信息、评估此类权利和争议解决程序有关的腐败（《自愿准则》第16.6、17.5、18.3、18.5和21.5段）。

（5）粮食安全

确保人人享有粮食安全是《自愿准则》的核心。它寻求提供一个"以实现人人享有粮食安全的总体目标，并支持在国家粮食安全的范围内逐步实现获取充足食物权"的路径（《自愿准则》前言）。

《自愿准则》强调，"负责任的公共和私人投资对于改善粮食安全十分必

---

① 《自愿准则》第8.6段，呼吁同任何可能受到权属权利政策影响的人磋商，以及《自愿准则》第9.9段规定，与土著社区和其他有习惯权属的社区进行协商。

要"（《自愿准则》第 12.1 段）。负责任投资应积极努力改善粮食安全（《自愿准则》第 12.4 段）。特别强调支持小农的重要性，在世界许多地区，小农在确保粮食安全方面发挥着重要作用（《自愿准则》第 12.2 段）。投资者还被告知，他们的投资"应避免加重粮食不安全"（《自愿准则》第 12.12 段）。[①]

(6) 人权

《自愿准则》强调，投资者和企业有义务尊重和避免侵犯人权，并确定、评估和补救它们对此类权利造成的任何负面影响（《自愿准则》第 3.2 段）。因此，"负责任投资"是尊重和不损害人权的投资（《自愿准则》第 12.4 段）。应当强调的是，与权属有关的除人权外，其他还包括食物权、住房权和拥有财产权。

(7) 环境和可持续性

根据《自愿准则》，负责任的投资的特点之一是不会损害环境（《自愿准则》第 12.4 和 12.12 段）。建议各国政府"推动土地、渔业和森林资源的可持续利用和环境保护"（《自愿准则》第 11.2 段）。《自愿准则》认识到小农在环境恢复力方面发挥的重要作用（《自愿准则》第 12.2 段）。它们还指示各国政府采取与权属有关的政策，解决气候变化问题，并让受影响各方全部参与协商和实施气候变化缓解战略和机制（《自愿准则》第 23 章）。

(8) 监测

《自愿准则》强调必须监测大规模投资对权属权利的影响。虽然各国政府对在本国投资的总体影响负有主要监测责任，但各方都有责任对特定项目的影响进行跟踪：

国家和受影响各方应对涉及大规模权属权利交易的协议的执行情况和影响进行有效监测，包括征地和伙伴关系协议（《自愿准则》第 12.14 段）。

这一规定对《自愿准则》另一节进行了补充，该节呼吁包括企业在内的所有各方监督道德标准的实施，以帮助防止腐败（《自愿准则》第 11.7 段）。[②]

《自愿准则》为投资者、当地社区和政府提供了一个实现三赢的框架，以确保投资惠及每个人。投资者的母国政府可以在促使投资者按照《自愿准则》核心原则行事方面发挥重要作用。虽然东道国政府在管理本国投资方面负有很

---

① 世界粮食安全委员会农业和粮食系统负责任投资原则第 1 条提供了进一步的指导。
② 另见世界粮食安全委员会农业和粮食系统负责任投资原则第 10 条。

大责任（粮农组织，2019）①，外国投资者及其母国政府也可以借助《自愿准则》，促进负责任投资，以帮助降低风险并提高回报的可预测性。事实上，许多投资者都表示，相对于提供"廉价"土地，稳定和发达的投资环境更能吸引他们（Deininger，2011）。国字头机构（如国有企业和信贷实体，包括新开发银行等国际金融机构）正日益认识到他们尊重人权和合法权属权利的责任。简而言之，国际上越来越多地认为《自愿准则》为土地、渔业和森林投资的良好实践确立了标准。

作为《自愿准则》的补充，《农业和粮食系统负责任投资原则》确立了一套有关此类投资的基本原则。《农业和粮食系统负责任投资原则》还以国际人权条约等国际框架以及联合国《工商企业和人权指导原则》等法律文书为基础。这些原则还全面纳入了与土地权属相关的所有领域的自愿准则，同时也解决了与整个粮食系统投资相关的其他非权属问题。《农业和粮食系统负责任投资原则》敦促利益相关方，除其他事项外，尊重所有合法的土地权属，并将这些原则作为一项清单，应用于开发投资模式。

《自愿准则》和《农业和粮食系统负责任投资原则》是解决农业和粮食系统负责任投资问题的补充工具。在捐助国的支持下，新兴市场政府正努力将《自愿准则》纳入其国家法律框架，而土地所有者也越来越意识到土地的价值。这将为那些将《自愿准则》纳入土地治理法律和实践的国家，创造一个更安全、更稳定的投资环境，但这也将要求投资者改变和改进其实践。理想状况下，在投资者母国政府的支持和鼓励下，将《自愿准则》纳入政策和程序，可以帮助投资者改变和改进其实践（粮农组织，2016）。

解决土地权属问题，并为投资者提供应对这些问题的手段，对于抓住农业和粮食系统投资相关的机遇并将风险降至最低至关重要：这是一个"双赢"的结果，投资者和受影响的当地社区都将从中受益。要做到这一点，需要东道国、投资者和投资者母国政府确保所有利益相关方按照《自愿准则》的原则行事。

1.3 研究重点：中国和南非投资者对非洲农业的境外投资

北美、欧洲和亚洲大部分地区农业面积扩张的潜力非常有限（Deininger

---

① 东道国政府关于投资模式的措施，在总体战略中，理想情况是应优先考虑减少或避免大规模转让权属的投资模式，在保障权属的同时鼓励包容性商业模式。在确定了优先次序和原则后，应在战略中加以界定。后者对于协调政府政策、作用以及分配资源十分重要，而且对于向投资者传达投资的优先领域以及向这些领域引导投资的激励措施也十分重要。有利环境的另一个方面是在现有的权属范围内为农业投资提供支持性法律和行政框架。

等，2011）。因此，越来越多人将非洲视为全球粮食和商品的潜在来源。许多人认为非洲国家没有充分发挥其农业潜力（Cheru 和 Modi，2013；Deininger等，2014）。此外，非洲国家的贸易和投资制度日益自由化，在撒哈拉以南非洲尤其如此，20 世纪 90 年代以来，大多数国家都进行了开放土地市场的结构调整方案和政策改革（联合国贸发会议，2009）。寻求更高回报的投资者增加了对非投资，因为那里的土地价格非常低（粮安委粮食安全和营养问题高级别专家小组，2011）。

随着外国对非农业投资的增加，对非洲肥沃土地的争夺加剧，对其影响的担忧也与日俱增。联合国粮食权利特别报告员警告说，最贫穷的农民可能会因土地价格过高而被新兴市场排挤在外，而依赖于公共地区的人的利益可能会被忽视（De Schutter，2011）。由于很大一部分农村人口的生计依赖于土地，其中年轻人占很高比例，对非农业土地的投资会对减贫和整体经济发展产生巨大的影响，这一影响可能是积极的，也可能是消极的。

中国和南非，作为世界上的两个新兴市场，已经成为资金、技术和基础设施的重要来源，所有这些都对提高非洲农业生产率至关重要。尽管对非以大规模土地为基础的农业投资大部分来自西方国家，但中国和南非是当前和未来对非以大规模土地为基础的农业投资的重要来源（表1-1）。虽然中国土地面积位居世界第三，但其农业资源有限。2007—2012 年，中国农业总产量增长3.4%，粮食产量增长 3.5%（粮农组织，2017）。中国用地球上 5% 的水资源和 7% 的耕地养活了全球 20% 的人口。在如此有限的条件下，保障粮食安全一直是中国各级政府最重要的目标之一。2017 年 2 月，中共中央、国务院联合发布的中央 1 号文件，强调了"连续 14 年推进农业和农村改革"。这促使中国政府鼓励国有和民营企业投资海外农业，包括在几个非洲国家投资。

表 1-1　对非以大规模土地为基础的农业投资的主要国家（2011—2012 年）

投资者地区	国家数量	公司数量	面积（公顷）	百分比（%）
西方国家	17	132	6 625 119	46.6
新兴经济体	5	43	3 319 108	23.3
其他半外围国家	9	21	2 257 217	15.9
非洲国家	22	85	2 024 928	14.2
总计	53	281	14 226 372	100.0

资料来源：Moyo，2015。

南非是二元农业经济，既有发达的商业农业，在偏远的农村地区也有生计型农业。这个国家没有很多大片的肥沃土地，水资源也特别有限。国家政府通过推行权属改革进行干预，以纠正历史和社会不公，但是这些改革尚未完成。由于上述及其他原因，南非公司已经将目光投向非洲其他地区，寻找其他有利的农业投资机会。2007—2014 年，南非是非洲农业投资的较大来源之一，占总投资的 9% 以上（表 1-2）。

表 1-2　来自新兴经济体的以大规模土地为基础的农业投资（2011—2012 年）

投资者国家	公司数量	面积（公顷）	面积的百分比（%）	占总投资比（%）	目标国家
南非	13	1 340 617	40.4	9.3	贝宁、莫桑比克、埃塞俄比亚、安哥拉、刚果、赞比亚、南非、马达加斯加、津巴布韦
中国	6	162 171	4.9	1.2	津巴布韦、马里、塞拉利昂、贝宁、埃塞俄比亚、喀麦隆
巴西	2	28 000	0.8	0.2	埃塞俄比亚、莫桑比克
土耳其	1	3 500	0.1	0.02	坦桑尼亚
来自新兴经济体农业投资合计	43	3 319 108	100	23.1	

资料来源：Moyo，2015。

此外，这些国家的农业投资也可以从南南合作中看到。随着联合国《2030年可持续发展议程》的实施，发展目标正从消除贫困转向可持续发展，强调经济、社会和环境之间的平衡。可持续发展目标 17 尤其强调南南合作和发展援助的重要性。《2030 年可持续发展议程》还意味着全球认识到，在一个广泛、全面的框架内，权属、资源获取及其治理对实现可持续发展至关重要（Munro-Faure 和 Hilton，2016）。

自 21 世纪以来，金砖国家（巴西、俄罗斯、印度、中国和南非）新兴经济体的崛起为推动南南合作提供了新动力（Huang 等，2019）。南南合作被描述为"南方人民和国家的共同事业，源于共同经历和共鸣，建立在共同目标和共同声援的基础上，依循不附带任何条件的尊重国家主权和自主的原则"（联合国大会第 A/RES/64/222 号决议）[①]。金砖国家视自己为南南发展援助的支柱。对非开展以大规模土地为基础的农业投资，使它们能够改善国内粮食安全，并向世界市场出口更多粮食。多年来，这些国家的私营企业和国有企业一直在非洲农业部门投资，涉及农业投入和灌溉服务到农业、食品加工和分销各

---

① 联合国南南合作高级别会议内罗毕成果文件。http://www.un.org/en/ga/search/view_doc.asp?symbol=A/RES/64/222。

领域（Cheru 和 Modi，2013）。

考虑到上述讨论的问题，本书评估了来自中国和南非的选定投资者，以及这些国家政府在对非以大规模土地为基础的农业投资中多大程度上采纳《自愿准则》和《农业和粮食系统负责任投资原则》中的原则和建议，以了解这些国家的投资者是如何看待土地权属和负责任投资的。本书以一组选定的案例为基础（每个国家11 例），并纳入了这些研究的结果，研究重点是回答下列研究问题：

- 各国投资者对非境外以大规模土地为基础的农业投资的性质、范围和规模如何？
- 各国政府在对非境外以大规模土地为基础的农业投资中发挥了什么作用，是否出台了任何政策或法律来规范和管理这些投资？
- 这些国家对非以大规模土地为基础的农业投资是否遵守为促进负责任投资和可持续公平发展而制定的国际和区域准则？
- 为促进这些国家在非洲进行更负责任的投资，可以做些什么？

这些研究的初步结果于 2016 年 11 月在中国北京举行的两个研讨会上发表。研讨会促进了参与者（包括各章作者）、中国在非洲的投资者代表、政府官员、学者和权属专家之间的对话。随后报告作者对研究进一步编辑完善，其中纳入了对话中的一些内容。

第二章和第三章是关于中国和南非在农业用地方面对外投资研究的原始研究报告的编辑版本。这些章节为持不同观点的利益相关者提供了一个实证起点。随后，第四章对研究结果进行了比较分析和评论，并就如何促进更负责任的投资模式（包括土地权属的负责任治理）提出了下一步发展方向。

参 考 文 献

Alston, J. and Pardey, P. , 2014. *Agriculture in the Global Economy*. Journal of Economic Perspectives，28（1）：121 - 146.

Cheru, F. and Modi, R. , 2013. *Agricultural Development and Food Security in Africa*. The Impact of Chinese，Indian and Brazilian investments. Zed Books，New York. 263pp.

China Ministry of Agriculture, 2013. *Latest Policy Reinforces Backing for Agriculture*. http：//www. fao. org/faostat/en/#home.

CFS, 2014. *Principles for Responsible Investment in Agriculture and Food Systems*. CFS，Rome.

CFS, 2017. CFS website http：//www. fao. org/cfs/en/.

CFS - HLPE, 2011. Land tenure and international investments in agriculture. A report by the High Level Panel of Experts on Food Security and Nutrition，July 2011. CFS，Rome. 56pp.

Deininger, K. , 2011. *Challenges Posed by the New wave of Farmland Investment*. Journal of

Peasant Studies,38（2）：217－247.

Deininger, K., Byerlee, D., Lindsay, J., Norton, A., Selod, H. and Stickler, M., 2011. *Rising Global Interest in Farmland：Can it Yield Sustainable and Equitable Benefits?* World Bank，Washington，DC. 214pp.

De Schutter, O., 2011. *The Green rush：The Global Race for Farmland and the Rights of Land Users.* Harvard International Law Journal,52（2）：503－559.

FAO, 1999. Terminology for integrated resources planning and management. FAO, Rome. [Choudhury, K., Jansen, L. J. M. （Eds）].

FAO, 2009. 2050：*A Third More Mouths to Feed.* FAO，Rome（http：//www. fao. org/news/story/en/item/35571/icode/）.

FAO, 2012a. *Large Agricultural Investments and Inclusion of Small Farmers：Lessons of Case Studies in 7 countries.* FAO Land Tenure Working Paper 23. 104pp [coordinated by Burnod，P. （CIRAD）and Colin, J. Ph. （IRD）].

FAO, 2012b. *The State of Food and Agriculture* 2012：*Investing in Agriculture for a Better Future.* FAO，Rome.

FAO, 2012c. *Voluntary Guidelines on the Responsible Governance of Tenure of Land, Fisheries and Forests in the Context of National Food Security.* FAO，Rome.

FAO, 2013. *Governing Land for Women and Men：A Technical Guide to Support the Achievement of Responsible Gender－equitable Governance of Land Tenure.* FAO，Rome.

FAO, 2014. *Challenges and Opportunities of Foreign Investment in Developing Country Agriculture for Sustainable Development.* FAO Commodity and Trade Policy Research Working Paper No. 48. FAO，Rome.

FAO, 2015. *Safeguarding Land Tenure Rights in the Context of Agricultural Investment.* Governance of Tenure Technical Guide No. 4，FAO，Rome.

FAO, 2017. *FAOSTAT.* Rome（http：//www. fao. org/faostat/en/#home）.

FAO, IFAD and WFP, 2015. Achieving Zero Hunger：the critical role of investments in social protection and agriculture. FAO，Rome.

FAO, 2019. Enabling legal environment for responsible investment in agriculture and food systems. Legal Brief for Parliamentarians in Africa No. 5，FAO，Rome.

German, L., Schoneveld, G., Mwangi, E., 2013. *Contemporary Processes of Large－scale Land Acquisition in Sub－Saharan Africa：Legal Deficiency or Elite Capture of the Rule of Law?* World Development,48：1－18.

Huang, M., Xu, X., Mao, X., 2019. South－South cooperation and Chinese aid. Palgrave Macmillan，Singapore. Pp. v－vi and 1－22. See https：//doi. org/10. 1007/978－981－13－2002－6.

Jayne, T. S., Chamberlin, J., Headey, D. D., 2014. *Land Pressures, the Evolution of Farming Systems, and Development Strategies in Africa：A Synthesis.* Food Policy,48：1－17.

Jansen, L. J. M. , Hilton, A. , 2016. Responsible governance of tenure in extraterritorial investments using the "Voluntary Guidelines on the Responsible Governance of Tenure of Land, Fisheries and Forests in the Context of National Food Security": the cases of China, India and South Africa. Paper prepared for the 17th Annual World Bank Conference on Land and Poverty "Scaling up Responsible Land Governance" 14 – 18 March 2016, World Bank, Washington D. C. , USA. 12pp.

Minot, N. , 2014. *Food Price Volatility in Sub – Saharan Africa: Has it Really Increased?* Food Policy,48: 45 – 56.

Moyo, S. , 2015. *The Scramble for Land in Africa (Mimeo).* Centre for Economic Studies and Planning, Jawaharlal Nehru University, India.

Munro – Faure, P. , Hilton, A. , 2016. *FAO's global implementation programme on the Voluntary Guidelines on the Responsible Governance of Tenure of Land, Fisheries and Forests in the Context of National Food Security: progress, challenges and outlook.* Paper prepared for the 17th Annual World Bank Conference on Land and Poverty "Scaling up Responsible Land Governance" 14 – 18 March 2016, World Bank, Washington D. C. , USA. 31pp.

Munro – Faure, P. , Palmer, D. , 2012. *An Overview of the Voluntary Guidelines on the Responsible Governance of Tenure.* FAO Land Tenure Journal,(1): 6 – 17.

Palmer, D. , Torhonen, M – P. , Munro – Faure, P. , Arial, A. , 2012. *Fostering a New Global Consensus: The Voluntary Guidelines on the Responsible Governance of Tenure.* FAO Land Tenure Journal, (1): 19 – 36.

Schultz, C. , 2016. BRICS in Africa: exploring the politics and poetics of South – South Cooperation. Paper prepared for the 4th International Conference of BICAS, 28 – 30 November 2016, organised by China Agricultural University, Beijing, PR China. 27 pp.

UNCTAD, 2009. *World Investment Report – Transnational Corporation, Agricultural Production and Development.* Geneva, 2009.

2 中国投资者对非农业投资

本章作者：张海森，中国对外经济贸易大学国际发展与创新研究中心教授；李先德，中国农业科学院农业经济与发展研究所教授；程方，粮农组织贸易和市场司。①

① 本章是对外经济贸易大学国际发展与创新研究中心张海森教授、中国农业科学院农业经济与发展研究所李先德教授、粮农组织贸易和市场司程方共同完成的研究报告原稿的编辑版；中国农业大学徐秀丽教授，对外经济贸易大学叶东亚、陈淑仁、邓慧慧，中国农业农村部对外经济合作中心贾焰、秦路，南开大学杨丹妮，中国农业科学院农业经济与发展研究所孙致陆为该报告做出贡献。

2.1 引言

中国在非洲的农业投资始于 20 世纪 50 年代。根据中国农业部国际合作司和对外经济合作中心发布的《2014 年中国农业对外投资合作报告》，2014 年，中国对非洲农业对外投资累计达 6.84 亿美元，在 31 个非洲国家建立了约 80 家农业企业。74.9％用于种植业，14.6％用于渔业，8.9％用于支持服务业（林业的贡献很小，见图 2-1）。近年来，中国在非洲的农业投资呈上升趋势，但与金融、采矿和建筑等其他行业相比，这一规模仍相对较小。中国对非洲农业的投资基本上是出于商业利益，或者是推动"南南合作"（发展援助）。

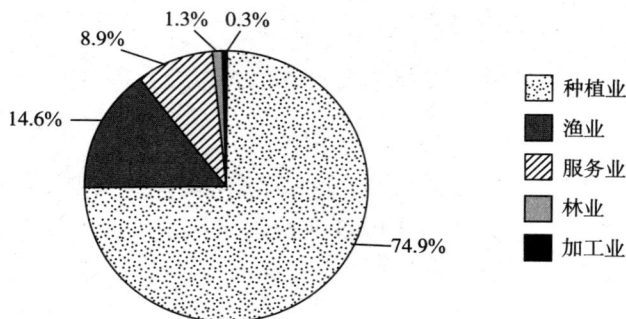

图 2-1　2014 年中国对非农业投资

资料来源：中国农业部国际合作司、对外经济合作中心，2014。

主要研究问题有：

- 中国企业对非农业投资的性质、范围和规模如何？
- 中国政府在这些投资中发挥了什么作用，是否出台了任何政策或法律来规范和管理这些投资？
- 中国对非农业投资是否遵守为促进负责任投资和可持续公平发展而制定的国际和区域准则？
- 为吸引对非进行更负责任的投资，中国企业可以做些什么？

2.2 研究方法

本书采用案头研究与实地调查相结合的方法进行。它包括研究适用规定框架的文献综述，以及对中国和非洲利益相关者的半结构访谈。在中国，研究团队采访了湖北农垦集团在莫桑比克的投资情况；采访了安徽省合肥市皖泾农业发展有限公司关于安徽农垦集团在津巴布韦的投资事宜；采访了四川科虹集团，了解其拟建的中乌农业合作产业园情况；采访了四川省农业厅；采访了中非棉业发展有限公司了解其在马拉维、赞比亚、津巴布韦投资棉花，以及在马里的计划投资项目；采访了山东外经集团，了解其在苏丹的农业项目；采访了中国食品工业集团了解在马里的糖厂；采访了中信建设股份有限公司关于其在安哥拉的合同转让模式；以及中非农业投资有限责任公司在赞比亚的合作情况。

　　根据对利益相关者的访谈情况，部分中国农业投资者在非洲的情况详见表2-1。在访谈期间，研究团队还收集了关于土地权属和投资的年度报告、论文和研究报告，以及有关土地权属的政策文件。参与访谈公司的选择是基于它们与农业的相关性、商业模式、地理位置和研究潜力，目的是获得原始数据和第一手资料，以评估每个项目与《自愿准则》相关的优缺点。

表2-1　中国农业企业在非洲的案例

东道国	公司名称	农业活动
马拉维	中非棉业发展有限公司	棉花收购及轧棉（订单农业100 000公顷）
坦桑尼亚	中非农业投资有限责任公司	剑麻（7 000公顷；其中2 000公顷是租用的，用于种植）
莫桑比克	湖北禾丰粮油集团	水稻种植（1 000公顷）
尼日利亚	中地海外农业公司	水稻种植（2 000公顷）
安哥拉	中信建设股份有限公司	玉米及大豆种植（8 450公顷）；水稻种植及肉牛饲养（7 272公顷）
赞比亚	中非农业投资有限公司	禽类饲养、小麦及玉米种植（1 000公顷）；租用4 000公顷
马里	中国轻工集团	甘蔗（10 000公顷）
乌干达	中乌农业合作产业园	种子作物种植、家禽养殖、园艺、油脂食品加工；租用947英亩①
津巴布韦	安徽农垦集团	小麦、玉米、大豆、烟草种植（5 000公顷）
苏丹	山东外经集团	棉花种植（900公顷）

2.3　中国的法律和政策及其与《自愿准则》条款的关系

　　中国中央和地方政府制定了一系列的政策规范对外投资。这些法规结合中

---

① 英亩为英制计量单位，1英亩≈0.405公顷。——编者注

国农业走出去战略，为国有和民营企业境外投资和经营活动提供指导。截至 2017 年初，与中国对非农业投资者最相关且最具影响力的是：

（1）境外农业投资良好经营及社会责任公约

2014 年，中国农业国际交流协会发布《境外农业投资良好经营及社会责任公约》（中国农业国际交流协会，2014），它要求相关企业：

- 遵守中国所有关于境外投资的法律法规①。
- 遵守东道国的相关法律、法规与政策规定。
- 尊重当地居民的宗教信仰和风俗习惯，避免与当地政府、企业及民众等发生直接冲突。
- 在东道国承担教育、卫生和减贫领域的社会责任。
- 从事境外农业投资和经营，应秉持互利共赢的原则，积极保护当地的生态平衡和自然环境，促进东道国农业可持续发展。
- 在境外进行农业投资的中资企业，应本着团结互助的精神，加强合作，正当竞争，互利共赢，协同发展，共同维护在国际社会的良好声誉。

（2）对外投资合作环境保护指南

2013 年，商务部、环境保护部联合印发了《对外投资合作环境保护指南》（商务部、环境保护部，2013），规定企业应：

- 尊重东道国社区居民的宗教信仰、文化传统和民族风俗，保障劳工合法权益，为当地居民提供培训和就业机会，促进当地经济、环境和社区协调发展，在互利互惠基础上开展合作。
- 秉承环境可持续、资源节约的理念，发展低碳、绿色经济，实施可持续发展战略，实现自身盈利和环境保护"双赢"；了解并遵守东道国与环境保护相关的法律法规的规定。
- 建立健全环境保护培训制度，就东道国的环境、健康和生产安全规范及相关法律法规为员工提供适当的教育和培训。
- 根据东道国法律法规要求，对投资项目开展环境影响评价，并采取合理措施降低可能产生的不利影响。
- 考虑并采取合理措施，减少活动对东道国社会环境的不利影响，包括对历史文化遗产、景点和民俗的影响。

---

① 包括《中华人民共和国对外贸易法》及有关部门制定出台的境外经营投资、金融财税、外汇管理、通关商检等方面的规章制度。

(3) 境外中资企业（机构）员工管理指引

2011 年，商务部、外交部、国务院国有资产监督管理委员会、中华全国工商联合会共同印发了《境外中资企业（机构）员工管理指引》。指引要求企业：

- 开展对外投资合作要树立"互利共赢、共同发展"的经营理念，积极开展属地化经营，根据实际需要确定国内人员的派出，尽量多为当地创造就业机会。
- 了解和研究中国和东道国法律法规，特别是与劳动用工相关的法律政策规定，并严格遵守。
- 倡导其派出人员充分认识中国与东道国存在的文化差异，尊重当地的风俗习惯；平等对待当地雇员，尊重其宗教信仰和生活习俗。
- 关注平等就业，避免出现种族、部落、宗教、性别等方面的歧视做法。

(4) 中国境外企业文化建设若干意见

2012 年，几部委①联合印发了《中国境外企业文化建设若干意见》。其中，要求企业：

- 严格遵守驻在国和地区的法律法规，包括明确禁止腐败、串通投标等不正当竞争行为。
- 履行社会责任义务，使当地社区受益，并保持企业经营的透明度。
- 尊重宗教和文化习俗，加深相互理解，并试图通过在雇佣本地员工和提高中国员工对本地文化的认识，来实现经营"本土化"。

2015 年，国务院发布了《关于推进国际产能和装备制造合作的指导意见》②，对上述政策中提出的许多要求进行了强化，许多省份以此为基础发布了自己的政策来指导海外投资。

作者认为，这些政策和指导方针，对于在非洲工作的中国公司来说，构成了负责任海外投资的框架，它们与表 2 - 2 所示的《自愿准则》条款相关联。

《自愿准则》于 2012 年通过，因此上述提到的一些文件是早于《自愿准则》的，其他则是在《自愿准则》发布之后的。通过举办由政府官员、研究人员、企业代表和其他对外投资利益相关者参加的研讨会，《自愿准则》和土地

---

① 商务部、中共中央对外宣传办公室、外交部、国家发展和改革委员会、国务院国有资产监督管理委员会、国家预防腐败局、中华全国工商业联合会。

② 参见 http://www.mofcom.gov.cn/article/bZg/201507/20150701061179.shtml。

权属治理的重要性在中国得到大力宣传和广泛接受。例如，在中国农业部和粮农组织的支持下，2014 年在北京举办了两届名为"国家粮食安全范围内土地、渔业及森林权属负责任治理自愿准则"和"农村土地登记自愿准则"的国家研讨会，近 200 人参加了这两场研讨会，其中包括来自中国社会和国际社会的广泛代表，包括相关国际组织（如粮农组织、国际食物政策研究所、亚洲开发银行）、中国主要中央政府部门、地方政府、私营企业、相关民间社会组织、研究机构和大学、生产者组织和妇女组织。

表 2－2　《自愿准则》原则和中国政府关于境外投资的法律政策的相应条款

自愿准则	政府文件中的相应条款
一般性原则	《境外投资管理办法》（2014 年）第二十条 《对外投资合作环境保护指南》（2013 年）第十五条
人类尊严	《关于推进国际产能和装备制造合作的指导意见》（2015 年）第二十三条 《对外投资合作环境保护指南》（2013 年）第九条
不歧视	《境外农业投资良好经营及社会责任公约》（2014 年）第三条 《境外中资企业（机构）员工管理指引》（2011 年）第八条
平等与公正	《境外农业投资良好经营及社会责任公约》（2014 年）第三条 《中国境外企业文化建设若干意见》（2012 年）第五条
性别平等	《境外中资企业（机构）员工管理指引》（2011 年）第八条
全盘性和可持续性方针	《关于构建开放型经济新体制的若干意见》（2015 年）第九、二十五条 《对外投资合作环境保护指南》（2013 年）第三条
磋商和参与	《境外投资管理办法》（2014 年）第三十条 《对外投资合作环境保护指南》（2013 年）第八条
法治	《关于构建开放型经济新体制的若干意见》（2015 年）第五条 《境外投资管理办法》（2014 年）第十九、二十、二十一条
透明度	《对外投资合作环境保护指南》（2013 年）第十三、十四、十八条 《中国境外企业文化建设若干意见》（2012 年）第五、八条
问责	《对外投资合作环境保护指南》（2013 年）第八、十一、十二、十九条 《中国境外企业文化建设若干意见》（2012 年）第十四条
不断改进	《对外投资合作环境保护指南》（2013 年）第二十条 《境外中资企业（机构）员工管理指引》（2011 年）第十一、十三、十四条

2.4 投资规模和地理位置

中国农业对外投资的目标国大多是撒哈拉以南非洲国家，这些国家与中国外交关系密切。一开始，中国在非洲的农业投资源于中国对非洲的农业援助项目，例如改善农村基础设施、资助农业研究中心或帮助建设农场等。随着中非农业合作的不断发展，中国投资者逐渐意识到非洲农业的商机，企业和个人以商业为目的的投资逐年增多。

总体来说，准确、全面地获得外国在非洲农业投资的数据，中国的土地投资也不例外。此外，不同的来源给出了不同的统计数据，特别是关于中国公司使用的土地数量。根据土地矩阵（Land Matrix）数据库，中国对非土地投资主要集中在非洲西部、南部和东部，包括莫桑比克、津巴布韦、马达加斯加、马里、刚果民主共和国［简称"刚果（金）"］、埃塞俄比亚和苏丹（表2-3）。然而，由约翰霍普金斯大学领导的中非研究计划汇编的数据库显示，中国企业在非洲获得的土地还集中在喀麦隆、赞比亚和贝宁（图2-2）。1990—2014年，坦桑尼亚政府报告了11个中国农业项目，比从土地矩阵数据库中提取的项目数量多得多（Sutton J. 和Olomi D.，2012）。由此得出的结论是，中国对非农业投资规模远小于最初的设想，并且公共数据库往往高估了真实情况（Brautigam和张海森，2013）。

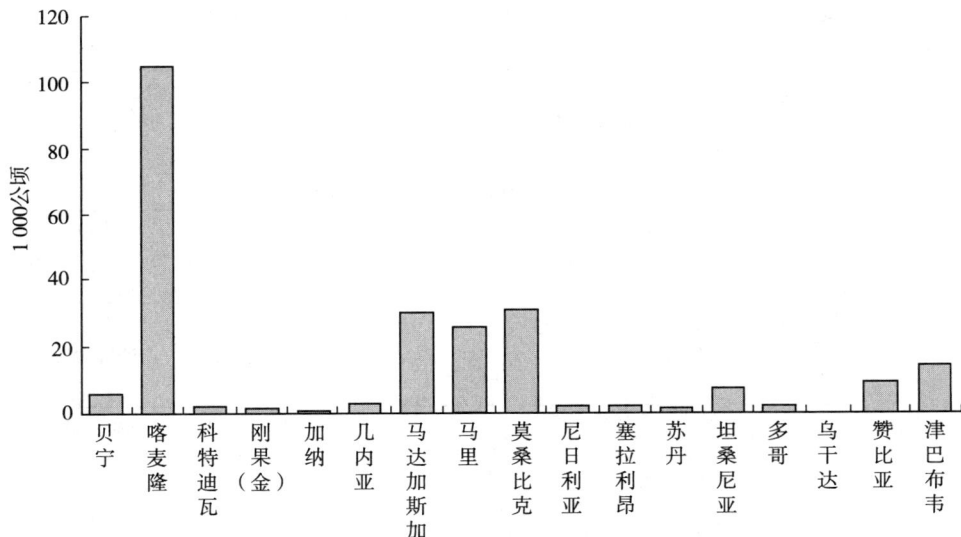

图2-2 中国企业在非洲收购土地情况（1987—2014年）

资料来源：约翰霍普金斯大学领导的中非研究计划，2015年。

表 2-3 中国在非土地租赁（2013—2016 年）

非洲区域	国家	用途	预计面积（公顷）	订单面积（公顷）	作物
西部	贝宁	生物燃料、粮食作物、可再生能源	20 000	1 000	甘蔗、油棕
	尼日利亚	粮食作物	8 325	2 325	水稻（杂交）、种子生产
	马里	生物燃料、粮食作物、可再生能源	20 000	20 000	甘蔗
	塞拉利昂	粮食作物、生物燃料	143 500	7 345	玉米、甘薯、木薯、无花果、甘蔗、大米、橡胶
	加纳	粮食作物	500	500	大豆
总计			**192 325**	**31 170**	
南部	津巴布韦	粮食作物、牲畜、非粮食农业	90 685	13 913	玉米、大豆、小麦、烟草、棉花
	赞比亚	粮食作物	4 012	1 012	玉米、小麦、蔬菜、大豆
	纳米比亚	粮食作物	10 000	0	玉米、马铃薯
	莫桑比克	牲畜、未指明的粮食作物	33 674	31 674	花生、芝麻、玉米、水稻（杂交）、大豆、茶叶、棉花
	马达加斯加	生物燃料、粮食作物、可再生能源	28 964	23 964	水稻、甘蔗
总计			**167 335**	**70 563**	
北部	苏丹	粮食作物、非粮食作物	16 667	11 667	大豆、玉米、马铃薯、芝麻、高粱、蔬菜、小麦、棉花
东部	埃塞俄比亚	生物燃料、粮食作物、可再生能源	77 000	27 000	甘蔗、产油植物
	乌干达	粮食作物	47 879	464	玉米、水果、蔬菜、棉花、大米
	坦桑尼亚	生物燃料、粮食作物	1 029	324	
总计			**125 908**	**27 788**	

资料来源：土地矩阵数据库，2017 年。

2.5 投资驱动

根据中国政府官方文件中的规定，以及中国在非投资者受访时的回答，我们对他们非合资企业所追求的目标有了深入了解。这些可以总结如下：

- **促进农业负责任投资**。中国在粮安委中发挥积极作用。粮安委制定并批准了《自愿准则》和《农业和粮食系统负责任投资原则》。其实施将改善全球农业投资环境，促进和扩大对发展中国家和地区的农业投资，实现投资者、东道国和当地社区的"三赢"场面（二十国集团，2016）。

- **扩大全方位对外开放的宏观发展目标**。加快农业合作，是提升中国农业国际竞争力、服务国家外交、落实"一带一路"倡议的必然要求。[①]

- **确保国内需求**。为确保粮食安全，中国寻求利用国内外市场和资源，优化国内农业结构，缓解资源和环境压力，巩固加强与其他国家的农业合作，提升农业开放水平（中国国务院，2016a）。目前，中国有 1 000 多家企业在海外从事农业生产，海外农业投资额累计超过 100 亿美元，中国相信自己有能力开展海外投资合作[②]（国务院新闻办公室，2013a）。

①"从中国农业企业发展的微观目标出发，**积极开展海外农业合作与发展**，在海外建立规模化的生产、加工、储运基地，培育具有国际竞争力的农业跨国公司"（中国国务院，2016c）。"支持农业企业跨国经营，并以丝绸之路沿线国家和地区为重点。建立海外生产基地和加工、仓储、物流设施，培育具有国际竞争力的大型企业和集团"（中共中央、国务院，2017）。

②**提高促进对外援助的可持续性。**"农业关系到非洲的可持续发展和扶贫。它是大多数非洲国家的支柱产业和优先事项。中非在农业方面有着良好合作，中国正在通过农业部门的互利合作，帮助非洲国家将资源优势转化为发展优势，实现农业可持续发展"（中国国务院新闻办公室，2013b）。

③"由于政治和外交友谊以及中国农业技术的适应性，非洲各国政府邀请中国政府和企业帮助开发他们的农业资源。例如，2008 年 3 月，马拉维总统彼得·穆塔里卡访问中国，并提议，在马拉维的中国企业可以主要投资农业，包括建立棉花加工企业，以促进务实的经济合作"（中国国务院新闻办公室，2013b）。

---

① 韩长赋（时任农业部部长）在全国农业合作工作会议上强调，要协调两个市场、两种资源，提高农业对外合作水平。参见 http: //cpc. people. com. cn/n1/2016/0803/c64102 - 28607813. html（中文）。

② 另见中共中央、国务院（2016）和中国国务院（2016a）。

④ 在 20 世纪 60 年代和 70 年代，中国政府帮助马里建造了两家糖厂，随后在中国专家的定期技术支持下，这些糖厂被移交给马里政府。然而，马里政府未能很好地管理它们。因此，在 1996 年，马里政府和中轻集团（Sinolight Corporation）成立了一家合资企业：马里上卡拉糖联股份有限公司（Complexe sucrier de Kala superieur SA du Mali）（简称"马里糖联"，SUKALA - SA）。该公司现已成为马里国内工业中规模最大、业绩最好的公司。该项目经历了几个阶段，才成为今天的样子：对外援助项目、技术合作、合作管理、合资经营和全面扩张"（中国国务院新闻办公室，2013b）。

- **充分利用非洲较低廉的生产成本**。非洲的农业生产成本通常低于中国。2004—2013 年，中国水稻、小麦和玉米的名义种植成本分别增长了 153％、157％和 170％。土地和劳动力成本占总成本的 60％，而且这一比例还在上升（Chen 等，2017）。相比之下，许多非洲国家以极低的租金向外国投资者出租土地，租期长达 99 年。例如，在莫桑比克，租金是每年 1 美元/公顷①。同时，非洲的工资水平相对较低。非洲当地的农业产业链缺乏发展，当地企业的竞争力相对较弱。这些条件对希望在农业生产、加工、仓储、港口和物流等方面进行跨境投资，并在农业机械、农药、种子、化肥生产等方面开展国际产能合作的中国农业企业具有吸引力（中国国务院，2016）。中国政府还调整了对外援助政策，出台了"全球化"战略等农业相关措施，促进和支持中国企业在非洲的投资。
- **迎合不断扩大的非洲和外国市场**。不仅在非洲，中国对非洲农产品的需求正在快速增长，非洲国家的许多农产品在出口到欧洲和美洲国家时享受关税优惠（Zhang 和 Xie，2014）。
- **发展非洲的农业供应链**（中国农业部，2016b）。中国政府正在帮助非洲国家发展农业供应链。例如，马拉维中非棉业发展有限公司（China - Africa Cotton Co. Ltd.），启动了中非棉花加工项目，建立了轧棉厂和石油加工厂。这项投资涉及从棉花种植到加工的价值链中的所有环节。这一项目也得到了正在投资于供应链发展的非农产业企业的支持。例如，科宏（乌干达）工业发展有限公司〔Kehong（Uganda）Industrial Development Co.，Ltd.〕将在中乌农业产业园投资 2.2 亿美元。其母公司科宏集团（Kehong Group）经营着多元化的业务，包括房地产开发和建筑材料。

---

① 来自 2016 年 10 月 9 日对湖北农业行政管理局经贸办公室主任蔡志文先生的采访报道。

2.6 投资类型

从上述驱动因素中可以明显地看出，中国企业在非洲从事农业活动的现状是业务之间的界限比较模糊，存在重叠的地方。根据这项研究中进行的采访，超过一半的公司投资于各种作物生产，如谷物、蔬菜、天然纤维和稀有药材。许多公司还从事畜牧业多元化经营，或从事下游业务，如产品加工、运输、市场营销和国际贸易。一些公司从事上游支持业务，包括农业机械和农业投入的贸易。此外，他们在供应链的不同点进行投资，甚至同时在不同的国家进行投资。中非棉业发展有限公司（China – African Cotton Development Company）就是一个复杂的例子，该公司最初于 2003 年在马拉维成立，现如今在赞比亚、莫桑比克和津巴布韦进行多方面投资。在马拉维，该公司拥有近 1 000 名当地雇员，并与 5 万名农民签订了合同协议。该公司向农民提供种子、农药及其他投入，直接购买棉花，并参与了改进棉花种植和加工技术的研究。

作物生产公司的例子包括赞比亚的约翰肯农场（JohnKen Farm），该农场拥有超过 2 000 公顷的小麦和玉米，以及坦桑尼亚的剑麻农场（Sisal Farm），该农场种植面积超过 1 300 公顷。这些农场大多数在当地通常使用杂交水稻和高产品种，使它们始终可以获得高产量。

畜牧业也是中国农业企业发展的重要领域。非洲有广阔优质的草原，适合饲养牲畜。非洲还有不断增多的中产阶级，他们需要肉类和乳制品。中国在饲料生产、养牛、疾病预防和饲料管理方面拥有广泛的专业知识，可将这些技术转让，用于改善非洲的畜牧业，从而促进需求的增加。事实上，一些中国农业企业已经建立了包含"草、水、农业、机械"的垂直一体化技术，为国内市场生产肉制品。

（1）非洲各国政府为联合投资提供土地

这种投资类型将租赁要素和合资企业要素相结合。通常，非洲政府提供土地作为资本出资，中国公司提供资金、技术和专业的管理知识。一个典型的例子是马里糖联项目[①]，该项目起源于中国 20 世纪 60 年代和 70 年代建造的两家糖厂。1996 年，中轻集团和马里政府成立了马里糖联，这是一种新的商业模式，类似于一家需要长期支付租金的合资企业。马里糖联是马里最大的工农商

[①]　关于马里糖联的讨论是基于对对外经济贸易大学国际发展与创新研究中心统计员陈淑仁教授的采访。

企业，拥有 50 年的租赁合同，持有 2 万公顷土地。它是该国唯一的制糖企业，产能 6 万吨，满足其国内 40％的食糖需求。

当该合资企业正式成立时，尚有少数农民在使用该项目拟用土地。根据协议，政府和农民参与、协商并谈判了一项补偿方案，由政府支付解决费用。农民得到了补偿并被重新安置（尽管后来有少数牧民抱怨他们不得不带着羊到遥远的地方放牧）。在某些情况下，合资企业帮助政府预支赔偿，费用由马里糖联承担（即由公司承担费用）。除了补偿外，一些重新安置案例还涉及特权招募，其中包括在马里糖联为其雇员建造的村庄中居住的权利。

根据这一经验，马里糖联建议采取以下良好做法：

- 投资者在租赁国有土地时，应确保文件齐全，并完全符合法律法规的规定。
- 为降低居住在租赁土地区域内的居民的政府搬迁成本，公司应为搬迁区域内的居民提供住房。
- 在招聘员工时，优先考虑那些被搬迁并在这些住所居住的人。
- 政府应负责提供搬迁补偿。但是，如有需要，公司应协助政府的工作。

（2）收购私人财产

获取土地的第二种方法是让中国投资者直接购买或租赁私人财产（一个农场）。这种方法不涉及与小农的商业关系，如承包农业安排，或任何形式的政府干预。例如[①]，中国农业发展集团有限公司（China National Agricultural Development Group Co.，Ltd.）于 1999 年在坦桑尼亚收购了两个农场，后来成为中非农业投资有限责任公司（China - Africa Agriculture Investment Co.，Ltd.）（CAAIC）。[②] 这两个农场占地 6 900 公顷，包括加工厂、修理店、员工宿舍、道路、沟渠等设施。坦桑尼亚独立后，这些农场首先被归还给国家，然后在 1986 年被当地的一个企业家收购，之后被想要生产剑麻的中国农垦集团有限公司收购。

为确保产权清晰，中国公司聘请当地律师进行调查，调查涉及政府机构和银行。尽管土地所有权很明确，但该投资项目还是不能避免与当地社区的冲突。事实上，公司和村民之间仍然存在着关于农场边界以及谁对部分土地拥有

---

① 本例的描述主要来自：2016 年 7 月 3 日中国农业大学徐秀丽教授对中非农业投资公司项目开发总经理关尚源先生的采访；2016 年 8 月 27 日坦桑尼亚莫罗戈罗国际商业经济学院张海森教授对中国农垦集团坦桑尼亚公司经理王路申先生进行的采访。

② 中非农业投资有限责任公司（CAAIC）是中国农垦集团公司与中非发展基金合资成立的合资企业，注册资本 10 亿元人民币（1.61 亿美元）。中非农业投资有限责任公司是非洲最大的中国农业投资和运营管理平台。参见 www.caaic.com.cn。

合法权利的争议。这是源于剑麻产业的衰落时期，当时闲置的土地被村民占用。在那段时期，国有农场允许家庭耕种土地。其中一些居住者至今仍在，半自给自足的小农在种植玉米、水稻、豆类和其他粮食作物。

> ➡ **插文 3　在赞比亚的约翰肯地产公司**（JohnKen Estate）
>
> 约翰肯地产公司是中非农业投资有限责任公司（CAAIC）的全资子公司，该公司是中国农业发展集团有限公司与中非发展基金合资成立，成立于 1994 年 4 月。它占地 5 400 公顷，由一个大型中央农场和三个较小的子农场组成。
>
> 这块土地属于国家所有，传统上是由外国投资者和当地人耕种。该公司通过租赁协议收购了这四个农场，通过与地方政府的谈判，没有遇到任何土地纠纷。根据协议，约翰肯地产公司每年为这四个农场向赞比亚土地管理局支付 1 500～2 000 元人民币，以换取该农场 99 年的使用权。
>
> 目前，约翰肯地产公司由 8 人组成的中国管理团队运营，拥有 200 多名当地员工。该公司的一个重要组成部分是通过土地开垦增加了 1 200 公顷的土地，目前被用于种植小麦、玉米、大豆和饲养牲畜。据其管理团队介绍，公司与当地社区全面融合，为当地农民提供技术咨询和支持，遵守当地法律法规，为赞比亚的可持续发展做出了贡献。
>
> 资料来源：2016 年 10 月 18 日，中国农业大学徐秀丽教授采访了中非农业投资有限责任公司项目开发部总经理段沧龙先生。有关该公司的信息可登录 http://www.caaic.com.cn/en/index.aspx。

2015 年，中非农业投资（坦桑尼亚）有限责任公司种植的土地不到 2 000 公顷，因为大部分土地都被村民占用。这家中国公司与村民达成一项协议，承认公司在整个 6 900 公顷土地上的合法权益，并允许村民以象征性的租金耕种部分土地。自 2000 年 3 月接管这些农场以来，这家中国公司已经向该项目投资了 800 万美元，成为坦桑尼亚第三大剑麻生产商。它每年生产数千吨剑麻纤维，创造了近 200 万美元的出口收入，并在当地创造了 1 000 多个就业机会。

（3）农业加工设施和承包农业（无直接土地管制）

在非洲的中国公司使用的第三种模式是"公司＋农户"，它将农田留在农民手中。它包括建造或收购加工厂，以及与当地农民签订合同为其提供原材料。例如，在马拉维，中非棉业发展有限公司有两家轧棉厂、一家压榨厂和一家种子加工厂。它销售和分发种子、化肥、杀虫剂，提供技术指导，并购买、加工和销售棉花。公司采用"六统一"的原则，种子、材料、技术指导、产品回收、加工和销售都作为一个"打包业务"进行。这是一项大规模业务，涉及300多辆运输车辆和对当地管理人员的大量培训。鉴于其规模，公司确保与当地农民的合同都与当地酋长协商。

中非棉业发展有限公司董事长王传源先生[①]建议不要在非洲从当地农民那里购买或租赁土地。土地征用是一项风险投资，因为它需要大量的资金支出，这很可能伴随着与当地社区的冲突。相反，中非棉业发展有限公司采用了一种"轻资产"的策略，为与当地社区建立友好关系创造了一个更好的环境。

当中非棉业发展有限公司在2009年第一次来到马拉维时，它向当地政府寻求30公顷的土地来建造一个新的轧棉厂。当地社区清楚地知道，尽管当地人把它作为他们的牲畜的牧场，但指定的土地属于政府。公司承诺从附近的村庄雇佣80多人，以作为获得牧场使用权的补偿。最终，公司雇用了100多名当地村民，他们从该公司的就业中受益比放牧牲畜更多。几年后，公司决定收购马拉维的第二家工厂，其前身是嘉吉（Cargill）旗下的轧棉厂。该厂拥有合法的土地文件及符合马拉维法律和当地习俗的清楚记录，故没有产生土地使用权纠纷。

到2016年，超过5万名农民与中非棉业发展有限公司签订了合同，并交付了1.8万吨原棉。所有的轧棉和纱线都出口到中国和其他目的地，并为马拉维创造了大量的税收和外汇收入。农民们从公司可以获得：①来自种子车间的棉花种子和高质量的化学肥料，其成本从他们卖给公司的棉花价格中扣除；②300多名技术人员和公司每天1小时的广播提供免费技术推广服务；③他们卖给公司的棉花的溢价。公司管理层坚信，这些安排使该公司比马拉维的其他棉花企业更具竞争力。

2014年中非棉业发展有限公司还通过收购一家国有轧棉厂和一家嘉吉轧棉厂，在津巴布韦设立了分公司。约有7万名农民拥有"公司＋农户"的合同，种植面积约为100万公顷。

（4）农场租赁

在这种模式下，一家中国公司，或一家中国公司参与的合资企业，租用一个普通农场的时间比租符合租赁条件的农场要短。津巴布韦的（津-中）皖津农业发展有限公司（Zin - China Wanjin Company）就是一个典型的例子。2010年，安徽农垦集团与津巴布韦政府同意成立一家合资企业，称为皖津农

---

① 2016年10月15日，南开大学杨达妮副教授对中非棉业发展有限公司董事长王传源进行了采访，并对中非棉业发展有限公司在马拉维的活动进行了描述。

业发展有限公司（简称"皖津公司"）。①皖津公司在西马绍纳兰省租用国有和私营的农场，租期为10～15年，由津巴布韦合作伙伴与土地所有者或负责国有农场的政府部门协商。公司成立于2011年，有两个农场，占地1 800公顷，到2016年已经成立了10个农场，占地12 000公顷。2016年，有一半的土地在耕种，种植玉米、小麦、大豆、蔬菜、马铃薯和烟草。农场有2～3名中国员工，其他大部分员工在当地招募，包括管理人员。公司经营规模很大，定期雇用2 000多名临时工来种植烟草，其中60%是女性。这些农场具有良好的技术效益，对提高国内产量做出了重大贡献。粮食产量高于当地平均水平，粮食总产量达到2万吨，相当于津巴布韦粮食供应总量的1%。所有生产的食品都卖给了国家食品有限公司。

皖津公司的投资使闲置的农场和土地得以恢复运营，并引进了新的农业技术和农场管理方法，所有这些都有助于津巴布韦农业的恢复和发展。

另一个例子是由中国山东国际经济技术合作集团（China Shandong International Economic & Technical Cooperation Group）和山东鲁棉集团（Shandong Lumian Group）于2012年在苏丹成立的新纪元农业发展有限公司（New Era Agricultural Development Co.，Ltd.）。②公司在棉花价值链中从事棉花籽开发、种植和生产、棉绒加工和纺织品贸易等商业活动（中国山东国际经济技术合作集团，2017）。2015年，公司从当地农民处租用了2 667公顷土地，主要用于棉花种子育种活动，租期10年，每5年支付一次租金。该协议的双方是新纪元公司、拉赫德灌区管理委员会和当地农民的代表。为了取得租约，新纪元公司与拉赫德农业公司（Rahad Agriculture Company）的负责人、拉赫德灌区农业协会主席以及当地村庄和农民团体的代表进行了谈判。谈判包括租赁区域的划分和租金，租金以当地的租赁费率为基础。双方同意将项目实施过程中发生的土地权纠纷，首先由拉赫德灌区管理委员会进行调解，而未解决的纠纷有权向喀土穆仲裁法院提出上诉。截至2016年底，公司已建成从棉花种植到贸易的完整的棉花供应链，并已投资数千万美元建造了占地2 667公顷的优质棉花种子育种基地，包括棉花加工、剥离，种子加工车间、仓储，以及生活区、办公区、维修车间等配套设施。

这个例子很有趣，因为它结合了租金和承包农业经营。为了扩大和确保供加工的原棉供应，新纪元公司与当地农民签订了合同，第一阶段的面积为

① 该股份公司的成立由中方（安徽农垦集团）和津巴布韦政府的下属机构促成。它在津巴布韦注册，双方各持有50%的股份。

② 新纪元公司的谈判项目的描述是基于2016年10月16日，中国农业部对外经济合作中心贾焰女士在中国山东济南对中国山东国际经济技术合作集团有限公司副总经理周新先生的采访。

4 000公顷。当地农民提供土地、劳动力和行政管理服务，而该公司则提供化肥和种子等资源。收获后，新纪元公司以约定的合同价格购买棉花，并在扣除所提供的投入成本后以现金支付给生产者。在市场大波动时期，双方可以重新谈判价格，在收成不佳的年份，在当地农民无法偿还新纪元公司时，财政赤字往往由公司弥补。

（5）建造-运营-移交（BOT）

在"建造-运营-移交"模式中，中国企业与政府合作，改造或重建农场。在这种情况下，土地通常属于国家。中国企业被要求开垦土地、建设基础设施和加工设施，并经营农场，当农场全面运营后，将其移交给国家。例如在安哥拉，马兰热的黑石农场和威热的桑扎蓬博农场是由中信建设股份有限公司（CITIC Construction Co.，Ltd.）和新疆北新集团（Xinjiang Beixin Agricultural Group）共同开发的。这些农场由代表安哥拉农业部的国有公司伊斯戴尔（Gesterra Co.）拥有和管理，但它需要被改造。因此，一家中国公司签约实施一个项目，使农场全面运营。[①]

在这个例子中，中国国家开发银行向安哥拉农业部提供了贷款，通过招标，伊斯戴尔公司委托中信建设股份有限公司在伊斯戴尔公司控制的闲置国有土地上开发两个农场。该计划由安哥拉农业部和中国公司共同完成。在该项目执行的五年时间里，所有收获的作物都移交给了安哥拉政府。在前三年里，中国负责土地复垦、基础设施和农业设施的建设等，包括灌溉、干燥、储存和加工设施，办公室和员工宿舍，购买农业设备以及种子和作物技术测试。接下来的两年包括耕种和培训人员，并将储存和加工的渐进操作结合起来。五年后，当农场可以完全运营，其中所有的设备和管理责任都移交给了伊斯戴尔公司。种植的作物包括水稻、玉米、大豆，农场面积在1 500～12 000公顷。

在安哥拉，中国改造和建设项目下的所有农场都属于伊斯戴尔公司，都是国有的、闲置或废弃的。中国企业和村民之间没有土地纠纷，部分原因是因为整个过程是透明的。在土地复垦前，中国企业参观现场，并与当地官员、教师和附近的农民会面，介绍他们的计划。只有一个涉及搬迁的案例，一个6人居住的小村庄占用了国有土地，被搬迁到了一个20人的大村庄，并在那里建造了一个新农场。人们对这个新村庄很熟悉，所以搬迁工作进行得很顺利。搬迁的所有费用都由该项目组承担。

采访显示，大多数在安哥拉农业项目中经营的中国公司（私营企业或国有

---

① 本文所述的伊斯戴尔土地项目讨论基于2016年10月19日南开大学副教授杨丹妮对中信建设股份有限公司农业开发部总经理李国珍的采访。

企业）对《自愿准则》几乎一无所知。然而，中国投资者很清楚，土地问题是敏感的，如果处理不当，可能会导致冲突，其负面后果将危及这些投资的可行性。许多中国公司过去有过不好的经历，因此要密切关注遵守法律、法规、习俗和传统，特别是那些与土地有关的。还有许多公司更倾向于在早期聘请当地律师，以预测任何与土地相关的潜在冲突，因为最终解决这些冲突的成本会非常昂贵。

安哥拉的大部分土地都是国有的，中国企业更愿意直接与中央政府和省政府合作。政府的支持和合作意味着中国企业可以通过伊斯戴尔公司制定一项将风险降至最低的战略，尤其是在这些项目中进行合作的情况下。事实上，中国国家开发银行贷款协议的条款规定，如果伊斯戴尔公司参与其中，预计伊斯戴尔公司将在该项目投入运营之前解决土地问题。中国公司在采访中称，如果由他们来做决定，他们宁愿在远离社区、闲置土地和伊斯戴尔公司提供土地的项目中工作。

（6）技术密集型农业园区

一些中国公司已经租用了土地来建立农业产业园，在那里，可以开发、测试、评估农业技术，并与当地农民分享。这种做法的一个例子是位于乌干达的中乌农业产业园（SUAIP）[①]，由总部位于中国四川友豪恒远农业开发有限公司（Sichuan Youhao Hengyuan Company Limited）开发和运营。附属投资者包括科宏集团、仲衍种业（Zoeve Seed）、绿科禽业（Green Tech Poultry,）和惠农农机（Huinong Agro‐machinery）。第一块地占地 947 英亩（译者注：约 383 公顷），位于卢韦罗区。

中乌农业产业园项目的总体目标是通过综合农业模式促进农业现代化，加强中乌合作。中乌农业产业园提供优质的种植材料，如杂交水稻种子，提供技术支持，并定期进行实地检查。该公司雇用了 360 多名乌干达人，包括技术人员、农业专家和临时工，主要从事家禽养殖和大米的生产。它还为农民提供改进农业技术的培训机会。

中乌农业产业园是一个与周围环境完全融合的农业园区，专注于农业生产和增值，涵盖从生产到营销的整个农业价值链，并促进现代机械化和灌溉方法。初始投资为 1 亿美元，另一个例子见插文 4。

[①] 关于中乌农业产业园的信息来源于 2016 年 10 月 13 日，四川成都国际贸易大学叶东亚教授对四川友豪恒远公司总经理唐高宁先生的采访。

➜ 插文 4 西非绿色农业有限公司（GAWAL）在尼日利亚①

2006 年，CGC 尼日利亚有限公司（CGC Nigeria Limited Company）成立了西非绿色农业有限公司 [Green Agriculture West Africa, Ltd. (GAWAC)]。在与尼日利亚政府和当地社区谈判后，西非绿色农业公司从凯比州（Kebbi）获得了西非绿色农业有限公司瓦拉（WARA）农场的 2 025 公顷土地 99 年的租赁合同。2008 年，CGC 尼日利亚有限公司与隆平高科（Longping High-Tech）签署了合作协议。根据该协议，尼日利亚绿色农业发展公司重组为西非绿色农业有限公司。在与尼日利亚政府和当地社区谈判后，西非绿色农业有限公司于 2012 年在阿布贾（ABUJA）附近签订了一项 99 年的土地租赁协议，以建设阿布贾农业高科技产业园。瓦拉农场和阿布贾农业高科技产业园总占地面积为 2 079 公顷。租赁土地为国有土地，已合法登记和备案。租金数额由尼日利亚政府规定。由于项目大部分土地被当地农民占用，公司按政府要求对当地房屋、农作物和农民安置支付补偿。具体的补偿首先是由当地的农民根据当地的市场价值提出的，然后由公司、当地的部落首领和社区进行协商。最初的提议相对较高，但经过几轮谈判，双方就赔偿的性质和金额达成了一致。

在西非绿色农业有限公司签订租约之前，政府进行了一次土地和环境评估，结果令尼日利亚当局感到满意。目前，瓦拉农场主要从事推广适合尼日利亚当地条件的栽培技术，其开发的栽培良好的作物品种在尼日利亚农业市场上占有较大份额。阿布贾农业高科技产业园已发展为一个农业推广和服务平台，包括种子研发和培育、支持种植技术和农业材料示范、设备销售和支持服务、生态农业、水土利用、农业技术培训、园艺和休闲农业。西非绿色农业有限公司通过引进中国的技术和优质种子，促进了周边地区的农业生产。这两个农场与 5 000 多名当地农民共同合作，建立了种子生产者合作社，创造了近 1 万个就业机会，并帮助 50 万农民增加了粮食产量。

当这些不同类型的投资组合在一起时，似乎中国投资者通常会寻求满足《自愿准则》的要求，尽管需要根据商业模式采取不同的策略。这些中国公司的管理者大多不知道《自愿准则》，但他们的行动和意图总体上符合《自愿准

---

① 插文 4 的内容来源于 2016 年 8 月 20 日对外经济贸易大学张海森教授在尼日利亚阿布贾对绿色农业西非有限公司总经理王军的采访。

则》的规定。例如，他们尊重土地使用权和土著人民的权利，避免对环境造成损害并倡导改善粮食安全。在投资之前，他们会寻求并遵守当地律师的建议，以明确当地的土地权利并尊重法律。在中国中央政府的指导下，他们还选择以可持续方式管理自然资源的技术来提高抗灾能力和降低灾害风险，以促进安全和健康的农业和粮食系统。他们还与当地社区保持良好关系，积极承担企业社会责任，促进当地经济和社会的可持续发展。最后，就《农业和粮食系统负责任投资原则》而言，访谈表明，在非洲的中国公司寻求在农业和粮食系统方面进行负责任的投资。本书中的案例研究表明，中国在非洲的海外投资企业在过去几十年中为促进当地社区的农业和农村发展做出了重大贡献。

例如，马里的马里糖联为 4 000 多名当地居民提供就业机会（包括约 1 000 名固定雇员和 3 000 名季节性雇员、临时工）；并将社会公益活动反馈给当地社区，如投资 2 000 万西非法郎（FCFA）在深井中钻探，向马里妇女儿童基金会捐赠 4.15 亿西非法郎。中国农垦集团（坦桑尼亚）有限公司雇用了 1 000 多名当地居民，并与当地社区启动了若干社会发展项目，如基于村庄的减贫学习中心、医疗发展中心和救灾项目，这对当地居民的生活改善、两性平等、青年就业和环境保护做出了巨大贡献。赞比亚的约翰肯农场为当地市场提供所有品种的农产品，以促进当地的粮食安全和营养，并保护与工人签订的集体协议中规定的女性雇员的产假权利。中非棉业发展有限公司雇用了许多当地人，包括 98 名有社会医疗保险的全职马拉维技术人员和工人，每年 7 000 多名兼职工人，60% 的兼职工人是女性。

2.7　中国投资者在非洲面临的挑战

中国企业指出他们在以负责任的方式投资非洲农业方面面临重大挑战。本节将讨论这些问题。

（1）非洲合作伙伴的工作能力有限

在非洲，农民缺乏获得现代农业技术、推广服务、高质量的投入和帮助他们提高生产力的信贷融资，也缺乏获得农业教育、来自专业技术人员或推广组织的援助以及合作交流项目的途径。大多数非洲政府一直无法或不愿为农业提供足够的政府资金。这些限制对寻求与当地农民合作的中国企业构成了挑战。

（2）投资环境差

由于较长的投资周期和较低的利润，农业投资被称为"缓慢资本"。农业也很容易受到自然、经济、社会和环境的冲击。这些特点意味着农业需要配套环境。然而，在非洲的中国投资者面临着人民币贬值、频繁的自然灾害、水电供应不足、运输成本高等重大问题。而在一些国家，选举期间政治派别之间的斗争加剧了这些问题。总体来说，近年来在非洲进行投资的环境并没有得到改善。

（3）有限的华人海外工作经验

在管理、技术和跨国投资经验方面具有优势的大型中国跨国公司，一般没有投资非洲农业。相反，本书中研究的公司规模对于中国标准来说相对较小，缺乏国外经验，在风险管理、运营和问题解决方面经验较少。这些短板在其参与到非洲农村复杂而具有挑战性的环境中时，就被放大了。因此，如果希望中国投资者在非洲的表现在中短期内大幅改善，他们将需要大量支持。

2.8 初步结论

一项对包括中肯实业有限公司（Zhongken Industrial Co., Ltd.）在内的海外中资农业企业的调查发现，大多数企业对《自愿准则》知之甚少。显然，他们中的大多数人在 1950—2000 年在非洲投资，这远远早于《自愿准则》出台，因此他们需要了解《自愿准则》的内容。同样，获得类似调查结果的政府和其他地方利益相关者也应该提高认识。因此，似乎各方都需要与《自愿准则》保持一致，否则他们的尝试将面临各种挑战。

首先，《自愿准则》是一种自愿的工具。其次，《自愿准则》没有明确为不同的利益相关者制定具体的规定和措施，这使得监控合规性指标的制定变得复杂。再次，中国企业通常没有意识到他们的行为是否符合《自愿准则》的规定，而且在合规带来成本的情况上，中国企业相对于其纯商业竞争对手处于不利地位。最后，非洲国家可能会为此制定立法，但由于预算限制，法律的执行往往是一个挑战。东道国对《自愿准则》的认识也很重要。

2.9 建议

（1）对中国政府的建议

加强对海外农业投资的指导。中国在非洲的农业投资历史悠久，但大多数都处于起步阶段，面临许多问题，这些问题都源于大多数项目规模小、国外经验不足以及易受经济、社会和环境危害。投资者需要政府的指导和支持，无论是短期的还是长期的。中国政府应尽快制定有效可行的海外农业投资的总体战略和发展规划。这些文件应为特定国家的外国投资者提供现有法律和政策法规的概况，并就非洲的重要地理区域和正在进行的项目提供指导，包括详细介绍专门支持农业投资的相关政策和措施。同时，政府应增强指导负责任海外农业投资法律、法规和政策体系的一致性，并要求所有外国投资者遵守。

优化海外农业投资平台。中国政府在南南合作方面有丰富的经验，并正在推动"一带一路"倡议。这表明中国政府通过这些方面促进海外投资。通过鼓励中国政府和东道国政府之间签订经贸合作的多边或双边协定，也可以营造有利的政治环境，减少经济的不确定性。最后，应利用"三银行一基金"（亚洲基础设施投资银行、新开发银行、上海合作组织开发银行、丝绸之路基金），为海外投资企业提供资金支持。

加强对海外农业投资的信息服务。中国政府有关部门应随时向中国海外投资者通报东道国、所在地区和国际社会的政治、经济、社会和法律变化。加强投资信息的收集、评估和共享；定期制定和发布《境外农业投资自愿准则》等指导文件；加强投资服务，提供培训，防范风险。目前，从事这些活动的是企业，但如果中国政府提供此类信息，则单个企业的信息收集总成本和投资风险将会降低。

促进和传播与负责任的农业投资有关的国际规则或指南。包括《自愿准则》和《农业和粮食系统负责任投资原则》在内的相关国际指导文书已就负责任农业投资进行了全面和广泛的磋商，因此反映了各国和主要利益相关方在农业和粮食安全方面共同关注的共识。例如，他们认为，如果企业遵守东道国的法律法规并尊重当地习俗，农业投资和东道国的经济增长都可以受益。这些准则也代表了农业投资应遵循的加强全球粮食安全战略的一致世界观。因此，本着南南合作的精神，作者建议中国政府有关部门继续加强这些国际商定的规则和指南在涉境外投资的农业企业中的宣传和推广，包括通过网站、培训课程、协会及其他交流方式和论坛。

这一建议隐含着粮农组织需要鼓励和支持各国政府为负责制定农业投资和自然资源开发政策的中国和东道国人员进行培训。这对于政府部门来说尤其重要，能够按照国际指南进行政策和法律修订，并明确与《自愿准则》关于土地、森林和渔业使用权的建议联系起来。向中国企业提供培训也同样重要。

（2）对中国企业在海外投资农业的建议

初步评估和商业计划。中国企业在投资任何特定国家之前，应深入研究东道国的政治、经济、社会、法律和产业政策，选择适合当地情况和市场的投资模式，制定合理的农业投资发展战略。该战略应将《自愿准则》和《农业和粮食系统负责任投资原则》与公司的战略和发展路线图联系起来，并应包含明确的投资愿景、重点或方向，以及商业计划（例如技术开发、农场建设或农业原材料生产）。

投资于整个价值链。从事种植、育种等业务时，在东道国的企业应注重价值链。这也包括支持或扩展供应链的其他部分的业务、下游业务，如贸易、运输、物流、加工、存储和销售、基础设施、市场、仓库和码头，或上游业务，如投入供应。关注价值链可以提高中国特定投资的效率和管理，也可以促进在东道国建立和改善横向和纵向联系，对公司、当地社区和东道国政府存在有利影响。

加强合作和沟通。应鼓励中国农业国有企业（Chinese agriculture - related State - Owned Enterprises）（SOE）与私营企业的合作以及资源和信息共享，帮助它们在海外投资农场时实施《自愿准则》。价值链上、下游的相关企业也是如此。它们可以共同实施海外农业投资，提高海外经营企业的综合管理能力。加强与东道国政府、社会和中介机构的沟通，吸引当地人才加入企业，保护和维护企业利益和国家形象。

履行社会责任。显然，企业应严格遵守东道国的法律法规，保护自然环境。此外，根据中国法律，企业还应妥善处理与当地社区的关系，为当地社区发展做出贡献；尊重文化遗产、习俗、传统和包括土地在内的资源的权利。最终，每一个海外投资决策都应以"本地化"企业战略为指导，这一战略中，就业、技术和产出有助于当地农业和粮食安全。

参 考 文 献

Abdelghaffar, N. , et al, 2016. *Leveraging Chinese FDI for Diversified Growth in Zambia.* The Woodrow Wilson Policy Workshop. April 2016.

Adisu, K. , Sharkey, T. , Okoroafo, S. , 2010. *The Impact of Chinese Investment in Africa.* International Journal of Business and Management，5（9）：3 - 9.

Akram - Lodhia, A. , 2012. *Contextualizing Land Grabbing：Contemporary Land Deals, the Global Subsistence Crisis and the World Food System.* Canadian Journal of Development Studies，33（2）：119 - 142.

Alden, C. , 2013. *China and the Long March into African Agriculture.* Cahiers Agricultures，22：16 - 21.

Anseeuw, W. , Lay, J. , Messerli, P, Giger, M. , Taylor, M. , 2013. *Creating a Public Tool to Assess and Promote Transparency in Global Land Deals：The Experience of the Land Matrix.* Journal of Peasant Studies，40（3）：521 - 530.

Antonelli, M. , Siciliano, G. , Turvani, M. E. , Rullic, M. C. , 2015. *Global Investments in Agricultural Land and the Role of the EU：Drivers, Scope and Potential impacts.* Land

Use Policy，47（52）：98－111.

Anyu, J. , Ifedi, J. , 2008. *China's Ventures in Africa： Patterns，Prospects，and Implications for Africa's Development.* Mediterranean Quarterly，19（4）：91－110.

Azadi, H. , Houshyar, E. , Zarafshani, K. , Hosseininia, G. , Witlox, F. , 2013. *Agricultural Outsourcing： A Two-Headed Coin?* Global and Planetary Change，100：20－27.

Brautigam, D. , 2014. *China，Africa，Agriculture and Labour Markets.* A Development Policy Research Unit Policy Brief 14/34 commissioned for the World Bank Group.

Brautigam, D. and Ekman, S. M. S. , 2012. *Briefing Rumours and Realities of Chinese Agricultural Engagement in Mozambique.* African Affairs，111（444）：483－492.

Brautigam, D. and Tang, X. , 2009. *China's Engagement in African Agriculture："Down to the Countryside."* The China Quarterly，199：686－706.

Brautigam, D. and Zhang, H. , 2013. *Green Dreams： Myth and Reality in China's Agricultural Investment in Africa.* Third World Quarterly，34（9）：1676－1696.

Breslin, S. , 2013. *China and the South： Objectives，Actors and Interactions.* Development & Change，44（6）：1273－1294.

Buckley, L. , 2012. *Chinese Agriculture Goes Global： Food Security for All?* IIED（http：// pubs. iied. org/17146IIED. html）.

Buckley, L. , 2013. *Chinese Land-Based Interventions in Senegal： The Role of the State in the Rush for Land.* Development and Change，44（2）：429－450.

Bwalya, S. , H. Hantuba, T. Kalinda and A. Mulolwa. , 2008. *Use of Integrated Land Assessment（ILUA）Data for Forestry and Agricultural Policy Review and Analysis in Zambia.* FAO，Rome.

Campesina, GRAIN, et al, 2011. *It's Time to Outlaw Land Grabbing，Not to Make it "Responsible."* https：//www. grain. org/article/entries/4 227－it－s－time－to－outlaw－land－grabbing－not－to－make－it－responsible.

Centre for Competition, Investment & Economic Regulation (CUTS), 2014. *Assessment of the Status of the Zambia's Agriculture Sector Development Framework and its Impacts and Contribution to Improvement of Small Scale Producers' Livelihoods.*

CFS, FAO, 2011. *Land Tenure and International Investments in Agriculture.* A report by the High Level Panel of Experts on Food Security and Nutrition.

Chen, W. , 2012. *China's Agricultural Foreign Direct Investment and Its Model.* Reform of Economic System，4：66－70（in Chinese）.

Chen, Y. , Li, X. , Wang, S. and Zhao, L. , 2015. *Principles for Responsible Investment in Agriculture and Food Systems： Impacts and Countermeasures.* Issues in Agricultural Economy，（8）：35－41（in Chinese）.

Chen, Y. , Li, X. and Wang, S. , 2017. *Is China Different from Other Investors in Global Land Acquisition? Some Observations from Existing Deals in China's Going Global.* Land Use Policy，60：362－372.

China‑Africa Agriculture Investment Co., Ltd. (CAAIC), 2014. Company website（http：//www. caaic. com. cn/en/index. aspx）.

China‑Africa Cotton Development, LTD, 2017. Company website（http：//www. ca‑cotton. com/en/）.

China‑Africa Research Initiative, 2015. Chinese Agricultural Investments in Africa：1987‑2014（http：//www. sais‑cari. org/data‑chinese‑agricultural‑investments‑in‑africa）.

China Shandong International Economic & Technical Cooperation Group, 2017. Company website（http：//www. china‑csi. com. cn/en/）.

Chu, J., 2013. *Agricultural Foreign Direct Investment in Zambia.*

Chu, Jessica M., 2013. *Creating a Zambian Breadbasket. Land Grabs and Foreign Investments in Agriculture in Mkushi District，Zambia.* Land Deal Politics Initiative Working Paper 33，Institute of Development Studies（2013）.

China National Agricultural Development Group Co. Ltd., 2015. Report on the Development of China State Farms Agribusiness Corporation Tanzania Ltd as an Agricultural "Going Global"Pilot Project.

Cotula, L., Vermeulen, S., Leonard, R., and Keeley, J., 2009. *Land Grab or Development Opportunity? Agricultural Investment and International Land Deals in Africa.* IIED/FAO/IFAD, London/Rome. ISBN：978‑1‑84369‑741‑1.

Cotula, L., Vermeulen, S., Mathieu, P. and Toulmin, C., 2011. *Agricultural Investment and International Land Deals：Evidence from a Multi‑Country Study in Africa.* Food，3（1）：99‑113.

Deininger, K., Byerlee, D., Lindsay, J., Norton, A., Selod, H. and Stickler, M., 2011. *Rising Global Interest in Farmland：Can it Yield Sustainable and Equitable Benefits?* Washington，DC：World Bank.

Deininger, K., 2010. Large Scale Land Acquisition‑What Is Happening and What Can We Do? World Bank. Washington DC.

DICMOA（Department of International Cooperation of Ministry of Agriculture），2012. *The 12th Five‑year Plan on International Agriculture Cooperation*（http：//www. moa. gov. cn/ztzl/shierwu/hyfz/201201/t20120111_2454566. htm）（In Chinese）.

DICMOA（Department of International Cooperation of the Ministry of Agriculture），FECCMOA（Foreign Economic Cooperation Center of the Ministry of Agriculture），2014. *Report on China's Agricultural Foreign Investment Cooperation* 2014. Beijing：China Agriculture Science（in Chinese）.

DPNDRC（Department of Price of the National Development and Reform Commission），2014. *National Agricultural Costs and Returns Compilation* 2014. Beijing：China Statistics Press（in Chinese）.

Dreher, A., Fuchs, A., 2011. *Rogue Aid? The Determinants of China's Aid Allocation.* CESifo Working Paper Series No. 3581（http：//papers. ssrn. com/sol3/papers. cfm?

abstract_id＝1932086).

Duggan, N. and Naarajarvi, T., 2015. *China in Global Food Security Governance.* Journal of Contemporary China，24（95）：1‐18.

Eckert, S., Giger, M. and Messerli, P., 2016. *Contextualizing Local‐Scale Point Sample Data Using Global‐Scale Spatial Datasets：Lessons Learnt from the Analysis of Large‐Scale Land Acquisitions.* Applied Geography，68：84‐94.

Esteban, M., 2010. *A Silent Invasion? African Views on the Growing Chinese Presence in Africa：The Case of Equatorial Guinea.* African and Asian Studies，9（3）：232‐251.

Fan, S. and Brzeska, J., 2014. *Feeding More People on an Increasingly Fragile Planet：China's Food and Nutrition Security in a National and Global Context.* Journal of Integrative Agriculture，13（6）：1193‐1205.

FAO, 2012. *The State of Food and Agriculture：Investing in Agriculture for a Better Future.* FAO，Rome.

FAO, IFAD and WFP, 2014. *The State of Food Insecurity in the World* 2014：*Strengthening the Enabling Environment for Food Security and Nutrition.* FAO，Rome.

Franklyn, L., 2013. *"Land Grabbing" or Harnessing of Development Potential in Agriculture? East Asia's Land‐Based Investments in Africa.* The Pacific Review，26（5）：563‐587.

Friis, C. and Nielsen, J. O., 2016. *Small‐Scale Land Acquisitions，Large‐Scale Implications：Exploring the Case of Chinese Banana Investments in Northern Laos.* Land Use Policy，67：117‐129.

G20. Bulletin of G20 Agricultural Ministers, June 3, 2016. Xi'an，China.（See http：//www.g20chn. org/English/Documents/Current/201606/t20160608_2301. html）(in Chinese).

Giles, M., 2013. *Beyond the Enclave：Towards a Critical Political Economy of China and Africa.* Development and Change，44（6）：1255‐1272.

Gong, Q. and Billon, P., 2014. *Feeding (On)Geopolitical Anxieties：Asian Appetites，News Media Framing and the* 20072008 *Food Crisis.* Geopolitics，19（2）：291‐321.

Government of the Republic of Zambia, 1994. *Food and Drugs Act* 1994. Chapter 303 of the Laws of Zambia.

Government of the Republic of Zambia, 1995. *Land Act of the Republic of Zambia.* The Laws of Zambia.

Government of the Republic of Zambia, 2007. *Biosafety Act* 2007. No. 10 of 2017，141.

Government of the Republic of Zambia, 2011. *Environmental Management Act of* 2011. No 12 of 2011，87.

Government of the Republic of Zambia, 2015. *Forests Act* 2015.

Government of the Republic of Zambia, 2015a. *Revised Sixth National Development Plan* 2013‐2016. Ministry of Finance.

Government of the Republic of Zambia, 2015b. National Resettlement Policy.

Government of the Republic of Zambia, 2015c. *Zambia Development Agency* 2015 *Annual Report.*

Grau, R. and Aide, M., 2008. *Globalization and Land – use Transitions in Latin America.* Ecology and Society, 13 (2): 16.

Grindle, M., 2004. *Good Enough Governance: Poverty Reduction and Reform in Developing Countries.* Governance, 17 (4): 525 – 548.

Gu, J., 2011. *The Last Golden Land? Chinese Private Companies Go to Africa.* IDS Working Papers, 2011 (365): 1 – 42.

Guo, C. S., 2014. *Chinese Agricultural Investments in Zambia.* Great Insights, Volume 3, Issue 4.

Heumesser, C. and Schmid, E., 2012. *Trends in Foreign Direct Investment in the Agricultural Sector of Developing and Transition Countries: A Review.* http://www.trademarksa. org/publications/trends – foreign – direct – investment – agricultural – sector – developing – and – transition – countrie.

Hofman, I. and Ho, P., 2012. *China's "Developmental Outsourcing7": A Critical Examination of Chinese Global "Land Grabs" Discourse.* The Journal of Peasant Studies, 39 (1): 1 – 48.

Horta, L., 2009. *Food Security in Africa: China's New Rice Bowl.* (See http://www.jamestown. org/single/7no_ cache＝1&tx_ttnews％5Btt_news％5D＝35042).

Ito, J. and Ni, J., 2013. *Capital Deepening, Land Use Policy, and Self – Sufficiency in China's Grain Sector.* China Economic Review, 24: 95 – 107.

Kolstad, I. and Wiig, A., 2011. *Better the Devil You Know? Chinese Foreign Direct Investment in Africa.* Journal of African Business, 12 (1): 31 – 50.

Kopinskia, D., Polusa, A. and Taylora, I., 2011. *Contextualizing Chinese Engagement in Africa.* Journal of Contemporary African Studies, 29 (2): 129 – 136.

Lagerkvist, J., 2014. *As China Returns: Perceptions of Land Grabbing and Spatial Power Relations in Mozambique.* Journal of Asian and African Studies, 49 (3): 251 – 266.

Li, J., 2013. *China Grain Market Development Report* 2013. Beijing: China Financial and Economic Publishing House.

Li, X. & Wang, S., 2014. *Study on the Latest Development of the Formulation of International Rules for Cross – country Agriculture Investment.* Han, J. (2014). China: Food Security and Agricultural Going Out Strategy Research (pp. 456 – 476). Beijing: China Development Press. Ministry of Finance, Revised sixth national development plan.

Li, X. and Wang, S., 2013. *Formulation of International Rules for Cross – country Agricultural Investment and Its Impact on "Going Global" of Chinese Grain Enterprises.*

Li, X. Y., Qi, G. B., Tang, L. X., Zhao, L. X., Jin, L. S., Guo, Z. F. and Wu, J., 2012. *Agricultural Development in China and Africa: A Comparative Analysis.* Routledge, Abingdon, UK.

Malone, A. , 2008. *How China's Taking Over Africa, and Why the West Should Be Very Worried*. Daily Mail Online. 18 July 2008.

Messerli, P, Giger, M. , Dwyer, M. B. , Breu, T. and Eckert, S. , 2014. *The Geography of Large - Scale Land Acquisitions: Analyzing Socio - Ecological Patterns of Target Contexts in the Global South*. Applied Geography, 53: 449 - 459.

Naylor, R. , 2011. *Expanding the Boundaries of Agricultural Development*. Food Security, 3 (2): 233 - 251.

NBSC [National Bureau of Statistics of China], 2014. *China Statistical Yearbook* 2014. Beijing: China Statistics Press (in Chinese).

Ngona, S. , 2013. *Assessment of the Status of the Zambia's Agriculture Sector Development Framework and its Impact and Contribution to Improvement of Small Scale Producer's Livelihoods*, Policy brief for Oxfam (See http: //www. cuts - international. org/ARC/ Lusaka/pdf/Policy_ Brief - An_ Investigation_ into_ Zambias_ Agriculture_ Development_ Framework_and_its_impact_on_smallholder_farmers. pdf).

Oya, C. , 2013. *Methodological Reflections on "Land Grab, r Databases and the "Land Grab" Literature "Rush"*. Journal of Peasant Studies, 40 (3): 503 - 520.

Pal, N. , 2013. *Chinese Investors, Labour Discipline and Developmental Cosmopolitanism*. Development and Change, 44 (6): 1387 - 1405.

Qiu, H. , Chen, R. , Liao, S. and Cai, Y. , 2013. *Foreign Agricultural Investments of China's Agricultural Companies: Current Status, Difficulties, and Policy Suggestions*. Issues in Agricultural Economy, 11: 44 - 50 (in Chinese).

Robertson, B. and Andersen, P. , 2010. *Global Land Acquisition: Neo - Colonialism or Development Opportunity?* Food Security, 2 (3): 271 - 283.

Rubinstein, C. , 2009. *China's Eye on African Agriculture*. Asia Times Online, 2 (10) (http: //www. ictsd. org/bridges - news/bridges - africa/news/china％E2％80％99s - role - in - african - agriculture).

Rulli, M. , Saviori, A. and D'Odorico, P. , 2013. *Global Land and Water Grabbing*. Proceedings of the National Academy of Sciences of the United States of America, 110 (3): 892 - 897.

Samy, Y. , 2010. *China's Aid Policies in Africa: Opportunities and Challenges*. Journal: The Round Table, 99 (406): 75 - 90.

Schmidhuber, J. , Bruinsma, J. and Boedeker, G. , 2009. *Capital Requirements for Agriculture in Developing Countries to* 2050. Paper presented at the FAO Expert Meeting on 'How to Feed the World in 2050' Rome, FAO, 24 - 26 June 2009.

Schoneveld, G. C. , 2014. *The Geographic and Sectoral Patterns of Large - Scale Farmland Investments in Sub - Saharan Africa*. Food Policy, 48: 34 - 50.

Scoones, I. , Hall, R. , Borras, Jr, S. M. , White, B. and Wolford, W. , 2013. *The Politics of Evidence: Methodologies for Understanding the Global Land Rush*. Journal of Peasant

Studies，40（3）：469 - 483.

Seaquist, J. , Johansson, E. and Nicholas, K. , 2014. *Architecture of the Global Land Acquisition System：Applying the Tools of Network Science to Identify Key Vulnerabilities.* Environmental Research Letters，9（11）：1 - 13.

Smaller, C. and Mann, H. , 2009. *A Thirst for Distant Lands：Foreign Investment in Agricultural Land and Water.* International Institute for Sustainable Development (IISD).

Smith, D. , 2009. *The Food Rush：Rising Demand in China and West Spark African Land Grab.* The Guardian Online. 3 July 2009.

Sutton, J. and Olomi, D. , 2012. *An Enterprise Map of Tanzania，International Growth Centre，*（See https：//www. theigc. org/wp - content/uploads/2012/12/An - Enterprise - Map - of - Tanzania - English. pdf）.

The Central Committee of the Communist Party of China and the State Council of China, 2016. 2016 Central Government No. 1 Document：*On the implementation of the development of new ideas to speed up agricultural modernization to achieve a comprehensively well - off society*（http：//www. gov. cn/zhengce/2016 - 01/27/content_5036698. htm）（in Chinese）.

The Central Committee of the Communist Party of China and the State Council of China, 2017. 2017 Central Government No. 1 Document：*Speed up the development of agriculture and rural areas to develop new ideas*（http：//www. gov. cn/zhengce/2017 - 02/05/content_ 5165626. htm）（in Chinese）.

The China Agricultural Association for International Exchange, 2014. *Convention on Sound Operation and Social Responsibility of Overseas Agricultural Investment*（See http：// www. cicos. agri. gov. cn/sites/caaie/）（in Chinese）.

The Economist, 2009. *Outsourcing's Third Wave：Buying Farmland Abroad.* The Economist，23 May 2009.

The Ministry of Agriculture of China, 2016. *The National Plan for the Integrated Development of Agricultural Processing and Rural Primary，Secondary and Tertiary Industries*（2016 - 2020）. Available at http：//www. gov. cn/xinwen/2016 - 11/16/content_ 5133376. htm.

The Ministry of Commerce, the International Communication Office of the Central Committee of the Communist Party of China, the Ministry of Foreign Affairs, the National Development and Reform Commission, the State - owned Assets Supervision and Administration Commission of the State Council, the National Bureau of Corruption Prevention and the All - China Federation of Industry and Commerce of China, 2012. *Several Opinions on Cultural Development in Chinese Overseas Enterprises*（See http：//www. mofcom. gov. Cn/article/b/bf/ 201205/20120508126444. shtml）（in Chinese）.

The Ministry of Commerce, the Ministry of Foreign Affairs, the State - owned Assets Supervision and Administration Commission of the State Council and the All - China Federation of Industry and Commerce of China, 2011. *Guidelines for the Management of Employees of Overseas*

Chinese – funded Enterprises (*Institutions*) (See http：//www. mofcom. gov. cn/article/b/bf/201103/20110307466483. shtml) (in Chinese).

The Ministry of Commerce and the Ministry of Environmental Protection of China, 2013. *Guidelines for Environmental Protection in Foreign Investment and Cooperation* (See http：//www. china. com. cn/guoqing/2013 – 03/01/content_28094081. htm) (in Chinese).

The State Council Information Office of China, 2013. Strengthening agricultural and food security cooperation，economic and trade cooperation between China and Africa (2013) (See http：//www. scio. gov. cn/ztk/dtzt/2013/9329142/index. htm) (in Chinese).

The State Council of China, 2015. *Guiding Opinions on Promoting International Production Capacity and Equipment Manufacturing Cooperation* (See http：//www. mofcom. gov. cn/article/b/g/201507/20150701061179. shtml) (in Chinese).

The State Council of China, 2016. Chapter VI：Open up agriculture to expand agriculture and foreign cooperation，National Agricultural Modernization Plan (2016 – 2020) (http：//www. gov. cn/xinwen/2016 – 10/20/content_5122297. htm) (in Chinese).

The State Council of China, 2016. *Second，enhance the level of agricultural cooperation. Chapter VI：open up to help agriculture to expand agricultural cooperation.* National Agricultural Modernization Plan (2016 – 2020) (See http：//www. gov. cn/xinwen/2016 – 10/20/content_5122297. htm) (in Chinese).

The State Council of China, 2016. Section VI：carry out international cooperation in agriculture，Chapter XVIII：enhance the safety and security of agricultural products，the People's Republic of China 13th National Economic and Social Development Plan，(http：//www. gov. cn/xinwen/2016 – 10/20/content_5122297. htm) (in Chinese).

Transparency International, 2014. *Corruption Perception Index* 2014. Transparency International：Berlin，Germany.

United Nations, 2015. *The Millennium Development Goals Report* 2015 (See http：//www. un. org/millenniumgoals/2015_MDG_Report/pdf/MDG％ 202015％20rev％20July％201. pdf).

Wang, S. , Li, X. and Chen, Y. , 2015. *Analysis of Transnational Farm Land Tenure Transactions and Trend of Formulating Relevant International Rules.* Chinese Journal of Population，Resources and Environment.

Xu, X. , Qi, G. and Li, X. , 2014. Business Borderlands：China's Overseas State Agribusiness. IDS Bulletin，45 (4)：114 – 124.

Xu, Y. , 2014. *Chinese State – Owned Enterprises in Africa：Ambassadors or Freebooters?* Journal of Contemporary China，23 (89)：822 – 840.

Yan, H. and Sautman, B. , 2010. *Chinese Farms in Zambia：From Socialist to Agro – Imperialist Engagement?* African and Asian Studies，9：307 – 333.

Zha, D. and Zhang, H. , 2013. *Food in China's International Relations.* The Pacific Review，26 (5)：455 – 479.

Zhang, H. L. , 2011. How to deal with vicious competition in China，s going global practice. Business China，11：14 - 16 (in Chinese).

Zhang, H. L. and Xie, J. , 2014. The Determinant Factors and Potential of China - Africa Agricultural Trade. Journal of International Trade，December 2014.

Zhao, Y. , 2013. *China - Africa Development Cooperation in the Rural Sector：An Exploration of Land Tenure and Investments Linkages for Sustainable Resource Use.* Environment，Development and Sustainability，15 (2)：355 - 366.

3 南非投资者对非农业投资

本章由非洲发展新伙伴计划商业基金会编写，地址：南非约翰内斯堡市桑顿区利弗尼亚路库姆广场 6 号，托斯卡纳办公园区 9 号楼。[①]

① 本章是由非洲发展新伙伴计划商业基金会南非发展研究专家 Samuel Kariuki 教授撰写的原始研究报告的编辑版本。

3.1 引言

南非农业投资者在整个非洲有很强的影响力（Mlumbi‐Peter，2015；非洲生物安全中心，2014）。尽管他们是最大的外国投资者之一，但在所谓的"土地热潮"伴随的"文学热潮"（Ikegami，2015）中，他们向非洲大陆的扩张却很少受到关注（Warneretal 等，2012）。这项研究试图填补这一空白，为我们了解南非在非洲农业领域外国直接投资（Foreign Direct Investment，FDI）激增中的作用做出贡献。它的重点是以大规模土地为基础的农业投资，下文也称为境外、跨境或跨国的南非投资者。

主要研究问题是：

- 南非投资者以大规模土地为基础的农业投资的性质、范围和规模是什么？
- 南非政府在非洲的境外以大规模土地为基础的农业投资中扮演了什么角色，以及是否制定了任何政策或法律来监管和管理这些投资？
- 南非在非洲的境外以大规模土地为基础的农业投资是否符合为促进负责任的投资及可持续和公平的发展而制定的国际和区域准则？
- 如何影响南非在非洲进行更负责任的境外投资？

3.2 研究方法

本节采用了四管齐下和循序渐进的方法。

第一，我们进行了一个全面的文献综述。这有助于建立来自南非的境外以大规模土地为基础的农业投资上升的全球和国家背景。此外，从土地矩阵网站上整理了涉及南非投资者的大规模土地交易的信息，然后对这些数据和从文献综述中收集的信息进行定量分析和交叉核对。

第二，确定和审查了所有相关的南非政策和战略文件、立法法案和统计报告，以及东道国政府的政策和法律、《自愿准则》以及与以大规模土地为基础的农业投资有关的其他国际和区域监管文书。这有助于确定哪里存在监管，并加以改进，以促进在非洲进行负责任的跨国农业投资。

第三，根据详细的文献综述和土地矩阵网站收集的数据，选择南非境外以大规模土地为基础的农业投资的不同实例进行深入的案例研究分析。为了确保研究结果的代表性和普遍实用性，选定的案例研究涵盖了不同的商品部门、投资者、东道国以及模型类型和规模。这些案例研究揭示了有关非洲以大规模土地为基础的农业投资的重要方面和问题，这为了解当地正在发生的情况提供了见解。

第四，对关键知情者进行了半结构式访谈，包括南非政府、商业农民组织和投资者本身的代表。这些访谈以指导本书的主要评估问题为基础，但又针对特定的被访谈人进行了调整。

最后，根据《自愿准则》及其他区域和国际接受的准则中所包含的行为准则、标准和原则，对上述研究的前四个阶段整理的数据进行了评估。该分析旨在确定南非的境外投资和政府政策或法律在多大程度上符合国际公认的农业土地负责任投资的原则和最佳实践。在对上述研究方法收集的信息进行分析后，汇总了研究结果和结论。据此，就如何促进对非洲农业土地更负责任的投资提出了具体建议。

作为访谈和案例研究的补充，文献分析形成了本书所采用的主要研究方法。数据来源的选择是基于目的性抽样，并从以下四组内的个人和组织中获得[①]：

- 国际和区域决策者、顾问和捐助者。
- 民间社会、社会运动和非政府组织（NGOs）。
- 南非政府。
- 私人投资者，包括南非的商业农民、农民组织和在其他非洲国家开展业务的农业综合企业。

正如许多研究这一现象的学者所强调的那样，研究当代大规模土地收购是一项极具挑战性的任务，因为以大规模土地为基础的农业投资背后的多方面驱动因素，涉及的参与者众多，包括投资过程的复杂性，投资的多种形式和模式，相关研究的跨学科性质，具体投资细节的不透明性，以及围绕非洲跨国以大规模土地为基础的农业投资的日益两极分化的辩论（Anseeuw 等，2014）。这就解释了关于来自南非的境外以大规模土地为基础的农业投资缺乏可靠的经验证据。大多数此类投资都是私下进行的，由于这些投资的商业性和政治敏锐性，公司和政府官员往往都不愿披露相关细节和文件。关于以大规模土地为基础的农业投资的全面和分类数据很少被公开。由于缺乏南非政府集中的境外以大规模土地为基础的农业投资数据库，使得我们很难获得有关南非政府在此类投资中的股份的准确信息。因此，无法确定在非洲的南非境外以大规模土地为基础的农业投资的总价值，而来自南非的某些跨国以大规模土地为基础的农业投资项目可能没有包含在本书中。

本书分析的大部分数据来源于土地矩阵网站和非政府组织（以及一些媒

---

① 这些是根据分析材料的分类改编的：Scoones，I.，Smalley，R.，Hall，R.，Tsikata，D.，2014. 关于稀缺性的叙述：理解"全球资源获取"。南非西开普大学贫困、土地与农政研究所工作论文076。

体）的报道。虽然土地矩阵网站合作关系"投入了大量资源来提高数据的可靠性和广度"，以回应对该网站提供未经证实的信息的批评，但其数据仍然可能包含某些偏见（Anseeuw 等，2012）[①]。来自媒体报道的数据，特别是涉及土地交易的面积，往往是被夸大和不准确的。在这方面，很难核实关于南非某些境外以大规模土地为基础的农业投资报告的准确性。

此外，境外以大规模土地为基础的农业投资的增加和近年来指导这类投资的工具的开发，对确定其影响以及南非公司遵守《自愿准则》原则和其他相关国际、区域和国家文书的程度提出了挑战。在解释本书的结果时，必须考虑到这一较短的时间框架，以及考虑到本书的范围主要是案头研究。

最后，需要指出的是，这项研究存在潜在偏差，在得出结论时应该考虑到这一点。例如，在选择审查文件和投资项目进行深入案例研究分析时，考虑了数据源和案例研究的选择相关性、研究可行性和为最终研究见解增值的可能性。因此，虽然研究者尽力确保研究样品的规模、商品部门、地理位置、参与主体和投资形式的多样性，但案例研究的结果并不适用于来自南非的所有以大规模土地为基础的农业投资。

3.3　南非的政策及其与《自愿准则》条款的关系

尽管南非最近向非洲注入了大量以大规模土地为基础的农业投资，但南非政府没有任何官方声明或明确提及这一趋势。南非的主要政策和战略文件并未承认这一趋势，而是将农业视为可出口投资的一个关键重点领域，是深化整个非洲大陆经济参与的当务之急。虽然已经制定了一些政策来指导南非海外直接外国投资（Overseas Direct Foreign Investment，ODFI），但没有专门引入任何政策或立法框架来管理或监管跨境以大规模土地为基础的农业投资（经济外交计划，2013）[②]。

南非资本在以大规模土地为基础的农业投资中的跨境参与并不是一个新现象。南非国家农业资本向北的经济扩张的起源，主要归结于两个重大历史事件：1994 年种族隔离政权的衰落，结束了政治和经济孤立；以及"华盛顿共识"（Washington Consensus）的新自由主义发展范式的崛起。随着南非国家在结构调整计划下实现了经济自由化，这为南非资本打开了大门（Draper 等，

---

① 然而，必须指出的是，土地矩阵全球观测站仍被广泛认为其目前对大规模交易和土地交易的评估是最准确的。

② 事实上，目前总体上不存在针对南非海外直接外国投资的正式监管框架，立法几乎完全针对外来投资［例如参见南非内阁于 2015 年 6 月批准的《投资促进和保护法案》（PPIB），主要处理对内投资］。

2010）。与许多其他非洲国家一起，南非也实施了影响深远的改革。农业贸易自由化，解除市场管制，并开放全球竞争，许多准国有企业被私有化，国家对以白人为主的商业农业部门的长期广泛支持和支出终于结束了。在这些改革之后，在20世纪90年代中后期出台了土地改革和劳工改革立法。

南非贸工部是负责南非与世界其他地区的经济和贸易往来的牵头部门。2015年，南非贸工部发布了《在非洲其他地区运营的南非公司良好商业实践指南》，作为促进整个非洲大陆可持续经济增长的指导框架。2015年的《指南》包括12项原则（见插文5），旨在鼓励在非洲开展业务的南非公司"与……政府在非洲的整合一体化和发展目标相一致，并为其运营的企业和社会之间建立互信"（南非贸工部，2015）。他们寻求通过提供"南非公司在非洲大陆其他地区运营指导框架"来支持私营部门，以确保"南非企业的良好商业实践符合南非法律、东道国的法律和国际标准"（南非贸工部遵守《自愿准则》被认为是自愿的）。

➡ 插文5　南非贸工部指南：12项原则

（1）遵守国内立法和公平商业惯例，包括所有适用的南非相关法律、法规和政策，在没有这些的情况下，遵守相关的国际标准和最佳做法。

（2）遵守联合国全球契约制度。

（3）尊重人权，即企业不应因其经营或国内冲突而卷入任何侵犯人权的行为。

（4）实行公平的劳动惯例。

（5）促进良好的公司治理，包括确保符合《公司法》和2009年国王三世报告的合乎道德的商业行为、良好的公司治理、问责制和透明度。

（6）促进环境责任和可持续的商业实践。

（7）确保职业健康和安全。

（8）开发区域市场和区域价值链，包括通过实施增强当地社区权力的方案。

（9）通过展示企业对所在社区和环境的责任感，促进企业社会责任，造福当地社区。

（10）促进当地劳动力的就业、技能发展和技术转让活动。

（11）避免从事腐败和非法活动。

（12）遵守东道国的税法和法律法规。

资料来源：南非贸工部，2015。

政府尚未采取政策、颁布立法或法规来管理境外以大规模土地为基础的农业投资进入非洲其他地区。有分析认为，这可能与其积极支持（并参与）企业资本北扩有关。境外以大规模土地为基础的农业投资可能被视为对实现国家发展目标至关重要，尤其是那些与确保国家粮食安全、水和燃料供应相关的目标，因为这些目标需要"利用外国的水资源和土地资源……"（Ferrando，2014）。因此，监管境外以大规模土地为基础的农业投资可能会被政府视为对此类投资的潜在威慑。作为本书的一部分进行的讨论揭示了类似的观点，包括担心可能会降低南非公司的国际竞争力，从而阻碍其向北扩张[①]。

南非政府对非洲境外农业投资缺乏监管的另一种解释与境外执法有关。南非贸工部官员表示，已经认真考虑了赋予其指导方针立法效力的可能，劳工代表特别支持这种方法。然而，该选项被排除在外，因为南非在其他非洲国家缺乏境外管辖权，因此难以强制南非公司遵守该准则。正如南非贸工部的一位代表所说，"东道国将不得不处理违规行为"。然而，南非贸工部确实认识到有必要管理和改善对南非公司在海外投资的看法[②]。简而言之，国家的时间、精力和资源一直致力于通过减少这些投资的法律和官僚障碍来鼓励海外直接投资，而不是专注于管理和规范资金外流（Miller 等，2008；Hall 和 Cousins，2015；Matlala，2014；经济外交计划，2013；Hall，2011a；Boche 和 Anseeuw，2013）。

总的来说，区域一体化是在非洲农业发展综合计划（Comprehensive Africa Agriculture Development Programme，CAADP）和非洲联盟的区域一体化要求（联合国特别顾问办公室，2010）的背景下进行的。南非政府认为，区域经济一体化（即通过市场一体化、基础设施发展和加强区域间互联互通）是加速该国经济和社会发展的关键（南非贸工部，2010；国家规划委员会，2012）。促进区域一体化的中央国家战略在最近所有涉及贸易和投资的政策和立法文书，以及关键的国家政策和战略文件中占有突出地位，如南非国家发展计划（NDP）、南非工业政策行动计划（IPAP），2010 年南非贸易和投资政策框架以及南非国家产业政策框架（NIPF）。

南非的核心长期战略文件《2012 年国家发展计划》概述了南非政府的广泛愿望和战略方向。该计划指出，"南非可以从发展中国家的快速增长中获益，这将导致对商品需求的增加和消费市场的扩大"（国家规划委员会，2012）。在整个非洲扩大贸易和投资被明确列为国家的一项迫切需要。该计划强调了非洲发展面临的基础设施障碍，并指出这些挑战只能通过"区域合作"来解决，该

[①②] 2016 年 2 月 23 日，在瑞弗尼亚与南非贸易和工业部官员及南非发展新伙伴计划商业基金会官员举行的会议上进行了讨论。

计划呼吁增加对境外基础设施项目的投资，包括运输、能源和港口基础设施，以实现更深入的区域一体化。该计划的重点之一是进一步发展南非的农业综合企业，特别是扩大其出口基地（国家规划委员会，2012）。

南非贸工部负责监督南非工业政策行动计划的实施，这是一项政府倡议，采用三年滚动计划（每年更新）的形式，对国家经济目标有一个长达十年的展望。该计划强调发展区域价值链的区域基础设施，使传统商品多样化，并利用非洲不断增长的消费市场。它强调深化跨国农业价值链是区域产业一体化的重要领域（南非贸工部，2014）。

另一份关于促进跨国以大规模土地为基础的农业投资的重要国家政策文件是南非贸工部的《2010年南非贸易政策和战略框架》，该《框架》引入了一项新的投资政策（Mlenbii-Peter，2015）。他的核心目标是通过跨境基础设施开发价值链的多样化，特别是整个非洲大陆的农业价值链，实现南非与非洲其他地区和更广泛世界的战略经济一体化（Disenyana 和 Sogoni，2013）。虽然新的投资方法主要集中在内部流动上，但该框架也强调了南非必须"在非洲大陆……发挥重要作用，加强大陆进程，寻求多样化和建立符合新发展目标的农业和工业生产"（南非贸工部，2010）。

南非政府支持非洲境外以大规模土地为基础的农业投资的另一个例子是非洲农林渔业部和农业综合企业合作论坛（JADAFA），这是南非农业、林业和渔业部与南非农业综合企业部门之间伙伴关系的具体体现。该论坛的首要目标是通过提供"旨在指导农业综合企业和政府促进与目标国家利益相关者的合作"的市场信息，"促进非洲的农业贸易和农业工业投资伙伴关系"（非洲农林渔业部和农业综合企业合作论坛，2016；非洲生物安全中心，2014）。

政府的授权作用。政府对境外以大规模土地为基础的农业投资的推动在机制中很容易看到，这些机制被引入以促进资本流入到非洲大陆。主要机制包括：实施各种经济改革，降低在非洲开展商业活动的成本；为跨境农业、基础设施和其他类型的项目提供直接的国家资金；与多个非洲伙伴谈判并签订了许多双边投资协定。

随着区域一体化在政治议程上占据重要地位，南非推行了几项经济改革，鼓励境外以大规模土地为基础的农业投资和其他形式的投资。这些措施包括放松外汇管制、税收要求（特别是对特定的进口商品）和其他金融监管，以降低跨境经营的成本。例如，自20世纪90年代末以来，区域投资限额显著增加（从1997年的每个非洲项目5 000万南非兰特增加到2004年每个项目20亿南非兰特）（Miller，2008）。

南非政府还向商业农民、农业综合企业和其他企业提供了直接和间接的资金，以投资于非洲其他地区的农业项目。2010年，时任南非农业、林业和渔

业部部长、现任能源部长的蒂娜·乔马特-佩特森（Ms. Tina Joemat -
Petterson）透露，为支持南非农民而设立的 60 亿南非兰特基金中有一半将用
于跨境农业项目（非洲生物安全中心，2014；Hall，2011b；Ferrando，2014；
Hall 和 Cousins，2015）。参与跨国以大规模土地为基础的农业投资的其他国
家实体包括南非开发性金融机构（DFIs），如南非工业发展公司（IDC）和南
非开发银行（DBSA）。此外，在非洲其他地区参与项目的南非农业公司绝大
多数都得到了国有公共投资公司（PIC）的支持。该公司负责管理南非政府的
巨额养老金和失业基金，并收购了农业食品公司的大量股份（非洲生物安全中
心，2014）。

　　除了南非农业、林业和渔业部及贸工部外，南非经济发展部（EDD）和
国库委员会还有国有企业（特别是政府所有的开发性金融机构）都直接或间接
地参与了非洲的以大规模土地为基础的农业投资项目。例如，南非经济发展部
监督南非工业发展公司向其他公司提供贷款，用于建立新的制造业以及现有产
业的扩张、现代化或搬迁（国际消费者联盟和信用社会，2003）。南非工业发
展公司最近拨款 62 亿兰特的国家资金，用于投资非洲 41 个正在进行或计划中
的矿产、能源和农业加工项目（Hall，年份不详）。南非开发银行隶属于国库
委员会，也为参与以大规模土地为基础的农业投资项目的南非公司提供国家资
金（Disenyana 和 Sogoni，2013）。

　　国际投资协定（IIAs）通常以双边投资协定的形式出现，在政府促进南非
境外以大规模土地为基础的农业投资项目进入非洲方面发挥着关键作用
（Ferrando，2014）。[①] 自 2008 年以来，南非政府与至少 13 个经常涉及农业的
非洲国家谈判并缔结了国际投资协定（Hall，2011b）。南非投资者参与或正在
与这 13 个国家中至少 8 个国家就以大规模土地为基础的农业投资项目进行
谈判。

　　本书的一个中心目标是评估南非关于跨境以大规模土地为基础的农业投资
政策或监管文书与《自愿准则》和其他有关国家、国际和区域文书所提出的原
则和最佳做法的一致性（并评估其执行情况）。由于南非没有任何政策或法律
专门用于确保南非以大规模土地为基础的农业投资以负责任的方式进行，这一
目标的实现受到了阻碍。然而，对其他更一般的投资政策的评估，如南非贸工
部的《在非洲其他地区运营的南非公司良好商业实践指南》和南非国家发展计
划等关键战略文件，可以得出一些结论。

　　南非贸工部的指导方针明确指出，南非投资者在其跨境商业活动中应遵守

---

　　①　过去 10 年中，跨国大规模陆上农业投资项目在整个非洲大陆的爆炸式增长伴随着国际投资协
定普及率的急剧增加，国际投资协定（主要以双边投资协定的形式）是监管跨国投资的核心工具。

"南非宪法的价值观"（南非贸工部，2015）。整个《自愿准则》都强调应该用高标准的公司治理和公司责任、良好的商业行为和国际最佳实践。公司不仅被要求遵守南非所有相关的监管框架，而且还要遵守"东道国的法律和国际公认的标准"（南非贸工部，2015）。

同样重要的是，南非国家发展计划和南非国家产业政策框架中存在与《自愿准则》和相关的国际、区域文书相一致的领域。例如，南非国家发展计划声称，外交关系和区域一体化必须由"区域、洲际和全球责任"驱动，这需要实现五个主要目标（南非国家规划委员会，2012）。其中的第二个目标是"通过有效的跨国自然资源管理改善人类安全"，"通过支持提高生产力的努力，并将越来越多的非洲生产者纳入全球价值链，改善依赖农业和农产品加工国家的生计"（南非国家规划委员会，2012）。南非国家发展计划还强调有必要将民间组织纳入一体化规划，特别是来自邻国的劳工和社区组织。反过来，南非国家产业政策框架注意到投资决策对经济的强大影响，并指出在后独立时代，"在一系列行业中，企业集团的横向拆分被纵向'重新捆绑'所取代的复杂过程"（南非国家产业政策框架，年份不详）。南非国家产业政策框架承认南非经济中许多部门高度集中化的特点，以及由此产生的缺乏竞争力的结果，强调"监管必须在政府的所有三个领域都有效，特别是在与小企业和重大投资相关的事务方面"。南非国家发展计划和南非国家产业政策框架包含的每一项要求都直接符合《跨国以大规模土地为基础的农业投资原则》所提出的原则（南非国家产业政策框架，年份不详）。

3.4　投资规模和地理位置

南非境外以大规模土地为基础的农业投资呈现出不同形式，项目遍布整个非洲大陆。南非投资者正在商谈和已经达成的以大规模土地为基础的农业投资协议涉及 29 个非洲国家[①]。虽然此类投资传统上集中在南部非洲发展共同体（SADC）地区，但南非公司也在西非、东非和中非国家签订以土地为基础的投资协议。这其中既包括事实上的跨国土地收购（通过租赁、特许权转让或直接购买等形式），也包括同既有的非洲农业公司（如在食品加工和零售行业）进行合作、开展兼并和收购。据估计，过去十年间，非洲

---

① 相关国家包括：安哥拉、贝宁、博茨瓦纳、喀麦隆、刚果（布）、刚果（金）、埃及、埃塞俄比亚、加蓬、加纳、几内亚、肯尼亚、莱索托、利比亚、马达加斯加、马拉维、马里、毛里求斯、莫桑比克、纳米比亚、尼日利亚、塞内加尔、塞拉利昂、南苏丹、斯威士兰、坦桑尼亚、乌干达、赞比亚和津巴布韦。

21.7％的兼并和收购业务是由南非农业综合企业主导的（非洲生物安全中心，2014）。

根据土地矩阵数据库，自2000年以来南非投资者在非洲共完成了38宗跨国土地收购交易。排除掉其他形式投资（如仅用于林业开采和旅游开发）后，其中有31宗交易涉及总意向面积1 241 550公顷，总合同面积376 708公顷，是与农产品（有时也包括林产品）生产有关的土地收购。相关交易遍及至少11个非洲国家（土地矩阵，2017）。

然而，还有许多南非境外以大规模土地为基础的农业投资交易并未收入土地矩阵数据库（非洲生物安全中心，2014；Hall，2011b）。经由媒体报道的许多投资项目，要么被错误描述了（为强调严重性而夸大了事实），要么最终没有达成交易（Schoneveld，2011）。基于国际土地联盟（ILC）的研究数据，Hall和Paradza认为，南非企业在非洲大陆的土地投资总面积达1 416 000公顷，但他们同时也指出，其中的一些投资尚未得到验证（Hall和Paradza，2012）。跨国研究所统计出的数值也与之接近（Vanaik，2014）。鉴于其他渠道对于南非跨境土地投资所涉面积各有不同结论，因此很难确切得知南非企业到底在非洲投资了多少土地。但可以肯定的是，南非境外以大规模土地为基础的农业投资所涉土地面积十分可观，投资者众多并形成差异化，并且这一趋势还在继续。

土地矩阵全球观测站数据显示，非洲大陆国家吸引着全球投资者的目光，比其他任何地方都要热门（土地矩阵，2016）。南非投资者也在许多非洲国家开展以大规模土地为基础的农业投资。但正如前文所述，近来南非境外以大规模土地为基础的农业投资呈上升趋势，并正向整个非洲大陆扩展。

南非农民尤其关注撒哈拉以南非洲的农田收购。土地矩阵收入的31宗涉南非公司大规模跨境土地交易中，所涉土地收购交易数量最多的地区分别是莫桑比克（12宗）和赞比亚（7宗）（土地矩阵，2017）。南非商业化农民协会（Agri - SA）在刚果共和国［简称刚果（布）］的一宗交易同样值得注意，虽然只是一宗土地收购案，但通过这宗交易，南非农民获得了至少50 000公顷的耕地（见插文6）（Matlala，2014；Boche和Anseeuw，2013；Hall和Paradza，2012）。其他南非商业农民较为青睐的非洲国家还包括博茨瓦纳、坦桑尼亚、马拉维和津巴布韦等（Nolte等，2014；Hall，2011b；Hall和Paradza，2012）。

如上所述，几十年来南非商业农民和农业综合企业一直在撒哈拉以南非洲收购土地，个中原因很明显，如地理位置邻近、土地价格低廉、地力肥沃、劳动力廉价、气候条件适宜以及具有文化相通性等（Hall，2011a；Hall，2011b；Navas - Aleman，2015）。针对近来南非境外以大规模土地为基础的农业投资显著见长，最近某些事态的发展为此提供了额外的解释。其中最重要的一项是南非商业化农民协会①于 2010 年成立了"非洲政策委员会"及其继任委员会。该委员会为有意向北部拓展业务的南非农民提供协助，通过与非洲国家政府谈判，为其争取有利的投资条款（和土地交易）及融资支持，推动其开展土地收购业务（Hall，2011b；非洲生物安全中心，2014）。该协会推动在刚果（布）和莫桑比克分别建立了刚果农民联盟（Congo Farmer's Union）和南非商业化农民协会莫桑比克代表处（AgriSAMoz）等组织来代表南非农民的利益（南非商业化农民协会，2014），并正在赞比亚、刚果（金）、马拉维、坦桑尼亚和安哥拉等国推动建立类似组织（非洲生物安全中心，2014；南非商业化农民协会，2014）。这些由南非商业化农民协会发起搭建的组织平台为南非公司开展跨境农业项目提供了融资选择，显著提高了有关项目的成功率和盈利能力，它们的发展有助于解释为什么某些撒哈拉以南国家成为南非农业公司的特别目标。此外，南非商业化农民协会还鼓励企业在博茨瓦纳②等政治稳定的国家进行农业投资。

南非也倾向于在那些对其提供优惠待遇的非洲国家开展境外以大规模土地为基础的农业投资。许多南非邻国公开欢迎南非投资，通常是通过南非商业化农民协会提供具有吸引力的激励措施，包括给予税收减免、提供廉价土地、改善公共基础设施和提供低息贷款等。例如，赞比亚免征部分产品的进口关税，加大对道路的公共投资，扩展电网规模等。赞比亚还在 150 000 公顷的"农场地块"中拿出了很大一部分供南非公司收购（见插文 7）（Hall，2011b）。另一个例子是莫桑比克政府 2011 年承诺将其 GDP 的 10％用于扩大农业生产规模和提高农业生产力［对标非洲农业发展综合计划（CAADP）要求］（莫桑比克共和国，2011）。此外，莫桑比克近年还采取措施，为南非投资者获得莫桑比克主要经济走廊开发项目附近土地提供便利，其中不少措施得到了国际金融机构（IFIs）以及一些南非机构和开发性金融机构（DFI）的支持（Ikegami，2015）。

莫桑比克和坦桑尼亚的案例表明，南非投资者还倾向于将目标对准这一类撒哈拉以南非洲国家，即在这些地区国家是土地所有者，个人和公司仅保有土地使用权。投资者认为，此类法律框架向能够直接与政府官员谈判并成功达成长期租约的投资者敞开了大门。不少声音称，因有大片公共土地"闲置""无人居住"或"未充分利用"（Hall，2011；Hall 和 Paradza，2012；Vermeulen

①　南非商业化农民协会（Agri - SA）是南非一家农业行业协会。参见：http：//www. agrisa. co. za/。

②　参见 2016 年 3 月 8 日南非商业化农民协会官员的采访。

和 Cotula，2010)[①]，某些非洲政府如莫桑比克、赞比亚、刚果（布）和坦桑尼亚以国家发展名义向外国投资者提供了大片优质农地。然而，许多报道显示，此类土地并非无主，通常由当地村落（依据习俗地权）所持有，当地人严重依靠土地维持生计。把这种土地给投资者，结果往往是当地土地持有者流离失所，土地用途也从为当地农民提供生计，变为生产当地人负担不起的生物燃料或昂贵食物，下文将对此做详细阐述。尽管上述大多数国家都推行了全面的法律改革来保护当地既有的土地权利，但由于土地治理体系过于薄弱，权利失衡过于严重，无法确保当地村落从这些南非企业跨境开展的以大规模土地为基础的农业投资中受益（Hall，2011b；Cotula 等，2009；von Maltitz 和 Setzkorn，2012)。

3.5 投资驱动

一方面，一些人认为南非政府对于境外以大规模土地为基础的农业投资的立场与其当前外交政策四大支柱是一致的，即：推动"非洲议程"；开展南南合作和南北对话；开展多边和经济外交；发展与其他国家的双边关系（Gumede，2014)。南非把自己定位为金砖国家[②]通往非洲大陆的"门户"，此类投资发挥了重要作用。正如投资者在采访中介绍，各类对外投资改革都"旨在提升南非作为向非洲其他地区和更远地区投资基地的地位。"[③]

另一方面，商业利益也驱动着南非企业在非洲其他地区开展以大规模土地为基础的农业投资。这是因为南非国内商业活动利润停滞不前，土地改革导致南非土地产权不稳定，与此同时国外市场越来越有吸引力（Bachke 和 Haug，2014；非洲生物安全中心，2014)。南非自独立以来一直在进行此类对外扩张，从 2008 年开始急速加剧，境外农业投资呈现出新的形态和形式。最近有报道称，因为回报率不及预期，投资者正在丧失对非洲的兴趣[④]。

(1) 国内经济利润下降

就最优生产和盈利能力来看，南非商业农业逐渐成为一项更具挑战性的事业。正如 Hall (2011b) 所指出，"一系列压力使……农民——他们曾是南非

---

① 很多研究用此表述并得出此结论。

② 金砖国家指巴西、俄罗斯、印度、中国和南非。

③ 参见 2016 年 3 月 10 日在南非西北省波切夫斯特鲁姆镇对以大规模土地为基础的农业投资者的采访。

④ 参见 2016 年 3 月 8 日对南非商业化农民协会官员的采访；以及 2016 年 3 月 10 日在南非西北省波切夫斯特鲁姆镇对以大规模土地为基础的农业投资者的采访。

国民党种族隔离政府的主要代表——陷入新的困境"（Hall，2011b）。新自由主义经济政策下，南非农业进行重组，包括关闭国家控制的营销委员会，实行合作社私有化，取消补贴和廉价信贷，取消税收优惠，让农民更多地直面国际竞争并适应农业投入品（如柴油、电力等）成本上涨等。南非非洲国民大会（简称"非国大"）政府出台了农业劳动法规并制定最低工资标准，导致劳动力成本上涨。工人频繁罢工也导致了劳动力成本增多。此外，农民还面临缺水问题日益严重，土壤枯竭和气候恶化，以及因大规模结构性失业和贫困造成的国内需求下降和消费低迷等挑战。

从对南非国民经济和就业率持续下降，以及南非政府债务在 2012 年创新低，2013 年创新高等情况中就能看出来，这些挑战显著降低了南非商业农业的盈利能力（Hall，2011b；Bernstein，2013）。近年，南非农产品出口、农产品贸易顺差和农业产值也都有所减少。南非农业公司制定了各种策略来应对这些挑战，包括从地理布局和商品结构上寻求市场多元化，以及推动跨境产业链垂直整合等（Hall，2011b）[1]。

Hall（2011b）研究发现，大多数开展境外以大规模土地为基础的农业投资的南非企业都在南非境内运营，并且到非洲大陆其他地区投资。作为本书的一部分，采访收集到的信息佐证了这一点。从扩大农业经营规模和发展农业综合企业的机会来看，南非本土市场已处于饱和状态。土地越来越稀少且越来越昂贵。一个成功的商业农民或一家成功的农业综合企业想要扩大经营规模，或许无法通过收购附近实力较弱的农场这种途径来实现了，这些农场往往已经被强大的同行拥有了，所以可能要尝试跨境去寻找土地（而这通常比设法获得南非本土农地更便宜也更容易）[2]。

因此，针对农业企业而言，南非已经"达到了临界点"[3]。换句话说，对于想要扩张的农业综合企业来说，并购其他南非公司已不再是一种选择。整个南非的商业化食品产业链已经比较成熟，国内剩余利润空间极低。为从价值链供给端的饱和状态中寻找出路，南非农业综合企业和相关方正在向北扩展业务[4]。

(2) 南非土地改革

自 1994 年以来，历届非国大政府都试图解决南非农业部门中的种族不平等和种族对立情况，采取措施包括进行土地改革，推行农村发展项目和农业支持项目（以及广泛黑人经济赋权）等。这些措施取得了显著成效，但土地重新分配目标并未达成，根深蒂固的不平等问题、土地使用权不稳定问题以及失业

---

[1][2][3][4]　参见 2016 年 3 月 10 日在南非西北省波切夫斯特鲁姆镇对以大规模土地为基础的农业投资者的采访。

和贫困问题依然存在（南非国家规划委员会，2012；Bachke 和 Haug，2014）。土地改革被指是最近一波南非境外以大规模土地为基础的农业投资热潮的一个主要"推力"因素（Matlala，2014；Hall，2011b；Hall 和 Paradza，2012）。一些最突出的商业农业领袖，包括德兰士瓦农业联盟（Transvaal Agricultural Union，TAU）总经理 Bennie van Zyl 和南非商业化农民协会副主席 Theo de Jager［他同时也是泛非农民组织（Pan African Farmers' Organization，PAFO）和南部非洲农业工会联合会（Southern African Confederation of Agricultural Unions，SACAU）主席］，曾公开表示南非政府关于土地重新分配的新政策正在把南非农业资本推向北方（Child，2012；GRAIN，2012）①。

但是，Hall（2011b）强调，当前南非在非洲其他地区开展以大规模土地为基础的农业投资呈上升趋势，不能简单地将其理解为是对南非政府重新分配政策和其他改革（如提高最低工资标准、提高税收）的一种回应。相反，整个农业价值链都参与了这种向北扩张，并涉及各种因素。这些不同的激励因素对每个投资者的影响都不同，与投资意图、投资地点和投资状态等这些可以迅速变化的要素密切相关（Hall，2011b；非洲生物安全中心，2014；Cotula 和 Blackmore，2014；土地矩阵，2015；Boche 和 Anseeuw，2013；Hall，2011a）。其他随机因素也发挥作用。例如，南非长期寻求对非洲其他地区的投资机遇，这驱使一部分南非商业农民率先开始向非洲其他地区扩张，因为他们想要提升经济实力和社会地位，而在那些国家，拥有农场会提升社会地位②。

南非开展重大土地改革与 2008—2010 年的"多重-粮食-能源-气候-金融危机"重叠，使得南非境外以大规模土地为基础的农业投资的动因更加复杂（Margulis，Boche 和 Anseeuw，2013）。2007—2008 年爆发世界"粮食价格危机"，全球粮食价格飞涨。南非紧随其后于 2009 年将国土部改组为农村发展和土地改革部。外界普遍认为，此次粮食价格危机是南非境外以大规模土地为基础的农业投资兴起的主要动因。2008 年还爆发了严重的世界金融危机，随后的 2009—2010 年全球经济衰退，2010 年 12 月全球食品价格指数较当年 6 月上涨 32 个百分点（Smaller，2011）。这些事态的发展导致近年来跨国企业在非洲开展的跨国性质以大规模土地为基础的农业投资急剧增长。因此，很难把

---

① De Jager 最近在土地重新分配过程中失去了土地，他被引述说，"土地重建的不确定性"促使农民向其他地区投资。van Zyl 进一步赞同这一观点，他表示"对农民安全的威胁、严格的劳工立法和关于所持土地面积上限规定的提案"促使农民离开南非。

② 参见 2016 年 3 月 10 日在南非西北省波切夫斯特鲁姆镇对以大规模土地为基础的农业投资者的采访。

土地改革的影响和促使南非农民、农业综合企业以及其他投资者参与跨境以大规模土地为基础的农业投资的其他关键因素区分开来。

（3）其他非洲地区投资机会更优

诚然，实现盈利增长是南非农业企业向边境以北开展业务的核心动因（Vermeulen 和 Cotula，2010；Hall 和 Cousins，2015；Ducastel 和 Anseeuw，2013；Hall，2011a；Ikegami，2015；Hall，2011b；Miller，2008；DEIP，2013；Mulumbi‐Peter，2015；Disenyana 和 Sogoni，2013）。其中有几个"拉力"因素在发挥作用。

第一，可以在南非以外地区获得更廉价的土地、劳动力和水资源，从而转化为相对较低的边际生产成本和较高的回报[1]。

第二，非洲大陆上较发达国家的市场竞争程度更低，但消费需求在不断增加。非洲城市人口持续壮大，新消费市场不断崛起，为南非农民和农业综合企业提供了更大的潜在利润空间（尤其是相比饱和的国内市场而言）（Boche 和 Anseeuw，2013；经济外交计划，2013；Mlumbi‐Peter，2015；Hall，2011a）。据非洲开发银行估计，过去十年间非洲中产阶级消费者数量增长了60%，达3.13亿人，联合国开发计划署预测，到2020年非洲中产阶级人口将超过印度（Disenyana 和 Sogoni，2013；Thomas，2012；非洲生物安全中心，2014）。此外，全球食品价格恢复上涨（特别在前述2007—2008年的食品价格危机之后），以及全球对非食品商品，尤其是生物燃料的需求不断增长，也让市场对此类投资收益率抱有较高期待（Hall，2011a；非洲生物安全中心，2014；Vermeulen 和 Cotula，2010）。

第三，很多全球性公司参与到了南非企业在非洲开展的以大规模土地为基础的农业投资活动中来。若是没有这类合作，许多南非国家就不会开展跨境投资。这类投资为贸易增长和扩大利润提供了巨大机会，正如一位受访者所说，"如果参与到非洲这个更大的市场中，更大市场规模、贸易潜力和经营范围的魔力驱动着，物流价值链可以得到优化"。反过来，东道国的当地企业则通过与南非公司合伙来提高其获得资本的机会，实现营销策略提升和利润最大化[2]。

---

[1][2] 基于2016年3月10日在南非西北省波切夫斯特鲁姆镇对以大规模土地为基础的农业投资者的采访。

➡ 插文 6 刚果（布）农业

南非投资者的境外以大规模土地为基础的农业投资项目中，最广为人知的是 2011 年由南非成立的刚果农业公司在刚果（布）进行的 80 000 公顷农地收购案。2009 年，刚果（布）政府联系南非商业化农民协会，将 Nyari 山谷地区原为国有农场的肥沃土地交由南非商业农民耕种（他们将一并带来投资）。当年末，刚果（布）政府同南非商业化农民协会签署协议，拟将 200 000 公顷土地分配给至少 15 名南非农民，他们随后成立了名为刚果农业的公司。初始协议还为南非商业化农民协会提供了未来再收购 980 万公顷土地的选项。不过，目前刚果农业通过刚果（布）政府和南非商业化农民协会以"政府对农民"合约形式获得的土地只有 80 000 公顷，土地使用期限为 30 年，到期可续租。

作为激励，刚果农业获得了进口免税、出口产品无限制、五年营业额免税期、利润汇回不受限以及租赁期可继承等优惠。此外，南非与刚果（布）新签署的双边投资协议还针对土地受到征用的南非农民提供保护，不仅对土地本身进行全额补偿，还对基础设施和因停产造成的所有损失进行全额补偿。

该项目所涉土地十分肥沃，据估计，"在刚果 1 公顷旱地能产出 10 吨玉米，而在南非只能产出 3 吨"。2012 年，南非农民在其承租的 80 000 公顷土地上迎来了第一次丰收，但只涉及其中 0.6％的面积。据报道，到 2015 年，这片土地中只有少量土地还在耕种，许多南非农民因为遭遇热带病虫害等各种各样不可预见的技术问题而退出了合约，导致生产力远不及预期。

虽然刚果（布）政府认为这片土地未得到充分利用也无人占有，但当地农民组织、刚果（布）人权组织和部分当地政府官员说，这片土地是由长期居住在这的居民依据习俗地权持有的，他们使用这片土地。这些团体称，这宗交易既没有充分征求现有土地持有者的意见或是对他们进行补偿，现有土地持有者也不清楚南非农民租赁协议的细节和期限，直到合同达成数月之后才获悉。这违背了刚果土地法第 10/2004 号，该法确立了土地分配和收购的一般原则，并正式承认习俗地权。

资料来源：Hall, 2011b；Boche 和 Anseeuw, 2013；Hall 和 Cousins, 2015；非洲生物安全中心，2014；Hall 和 Paradza, 2012；Matlala, 2014；南非商业化农民协会，2014）。

其他针对南非投资者的"拉力因素"还包括：

- 预计目标国家土地价格将上涨，随着时间的推移，投资者从农田升值中就能获得回报（这反映了非洲土地的商品化并解释了生产停滞的趋势，后文将详述）。
- 可以从外汇中赚取利润，南非为外汇管制国家。
- 在非洲发展新伙伴计划、南部非洲发展共同体自由贸易区和南部非洲关税同盟框架下，为南非政府和更广泛的非洲社区推动发展项目及区域一体化倡议增加融资机会。
- 东道国政府提供的有利外国投资激励措施（例如宽松的税收政策和低地租）；对咨询和执行环境及社会影响评估没有强制要求；与国际合作框架下强调发展援助相比，在非洲更强调投资导向型发展。
- 最近南非政府与几个非洲国家达成的双边投资协议，以及国家（和区域）商业农民协会对这类投资的推动（Boche 和 Anseeuw，2013；联合国非洲问题特别顾问，2010；Hall 和 Cousins，2015；Hall，2011b；Ikegami，2015）[①]。

➡ 插文 7　赞比亚"农场地块"

近些年，赞比亚政府指定分别在 10 个省开拓一个 10 万公顷的农业开发区。这类项目被称为"农场地块"，其运作采取"政府和社会资本合作"（PPPs）模式，赞比亚政府积极吸引外国私人投资，提供了一系列优惠政策，包括免除进口税和增值税，承诺提供配套基础设施（道路、电力和用水），以及提供 99 年土地租赁权等。这些"农场地块"大多是从原传统土地转换而来的国有土地，后由赞比亚发展署（ZDA）分配给外国投资者。据赞比亚发展署记录，2000—2010 年，有 34 家南非私营实体（身份未透露）承诺投资赞比亚土地，其中 9 家计划采取"政府和社会资本合作"模式。

虽尚未得到证实，但消息人士指出，多达 300 名南非商业农民在赞比亚土地上开展经营。2015 年 10 月的一份媒体报道显示，南非农民计划向赞比亚农业部门（分 10 年）投资约 1 亿美元。南非商业化农民协会下属机构非洲商业农业发展促进会（Agri All Africa Platform，AaA）近期组建的赞比亚商业农业发展促进会（Agri Zambia）负责协调组织农民和规划农业生产，

---

① 另可参见 2016 年 3 月 10 日在南非西北省波切夫斯特鲁姆镇对以大规模土地为基础的农业投资者的采访。

涉及包括甘蔗、玉米、大豆、小麦、棉花、花生、夏威夷果、牛、山羊等在内的一系列产品。

现有证据显示，南非对赞比亚"农场地块"的投资给当地社区造成了严重的负面影响。虽然赞比亚政府声称全国有大量农地闲置，但事实并非如此。把农田划拨给外国投资者意味着剥夺了传统社区沿袭下来的习俗地权。这其中属农村妇女尤其是寡妇和单身妇女受影响最为严重。尽管该国土地法要求就任何土地转让事宜与当地社区协商，但报道称，政府官员和传统领导人绕过了这一要求。

资料来源：赞比亚发展署官网；http://www.zda.org.zm/；Hall，2011；Hall 和 Cousins，2015；Boche 和 Anseeuw，2013；Mutopo，2015；赞比亚驻南非高专公署，2015；Nolte，K.，2013。

3.6 投资类型

南非农业资本扩张涉及众多参与者，此类投资项目的特点是投资来源各不相同（Buxton 等，2012；Ducastel，2013）。与全球范围内更广泛的跨国以大规模土地为基础的农业投资浪潮相一致，一宗南非开展的境外以大规模土地为基础的农业投资交易通常包含多个投资者（而不是只涉及用地来耕种的个体农民），且通常涉及整个农业价值链（Cotula 和 Blackmore，2014；Hall，2011a；Ikegami，2015；Hall 和 Cousins，2015）。

除南非个体生产者（其在最近的境外以大规模土地为基础的农业投资热潮中发挥的作用比往年少得多）之外，在非洲从事跨境以大规模土地为基础的农业投资项目的各类南非投资者包括：商业农民组织（如南非商业化农民协会）；几乎所有南非主要农业综合企业，遍布整个农业价值链——从专营农业投入品（种子、农药、化肥、拖拉机等）的企业，到加工、包装和物流企业，从超市和其他零售商，再到综合服务提供商①；以及金融机构，如国有企业（包括开发性金融机构）、私人银行和投资基金（也称"农田基金"）（Boche 和 Anseeuw，2013；非洲生物安全中心，2014；Hall，2011b；Hall 和 Cousins，2015）。

---

① 据不完全统计，有关企业包括：南非农业服务和食品集团（AFGRI）、农投集团、依莱沃糖业（Illovo Sugar）、唐加特-胡雷特集团（Tongaat-Hulett）、彩虹鸡（RCL 食品公司）、三叶草控股和海洋集团（Clover Holdings and Ocean Group）、阿斯特尔食品公司（Astral Foods）、虎牌食品公司（Tiger Brands）、先锋食品公司（Pioneer）、卓越食品公司（Premier）、福德食品公司（FoodCorp）、绍普莱特公司（Shoprite）、斯巴集团（Spar）、切克斯集团（Checkers Group）、沃尔沃斯集团（Woolworths）、皮肯派集团（Pick & Pay）、安格洛瓦尔公司（Anglovaal Industries）（现为 AVI Ltd）。

投资基金通常称作"农田基金",标志着南非(和非洲)农业部门的金融化,有"越来越多的参与者,他们把跨国私人资本带入非洲农业行业,这其中包括养老基金、对冲基金、主权财富基金、银行机构和农业综合企业以及私募股权基金等"(Hall 和 Cousins,2015)。投资基金在金融市场上积累资本,再把钱投资到具有较高回报预期的农业企业。涉足农业领域能够使基金股东实现投资组合多样化,有助于分散风险和增加利润(EAML,2010;Hall,2011b)。

非洲生物安全中心关于南非农业企业在整个非洲大陆扩张的研究报告称,2014 年有超过 25 家跨国国际投资基金参与了非洲以大规模土地为基础的农业投资。该研究还发现,对非农业私募股权投资在 2014 年已增至 50 亿美元(非洲生物安全中心,2014)。这些投资基金正在取代传统融资工具,尽管后者(即标准银行和南非联合银行等私人银行、南非开发银行等开发性金融机构和其他国有金融机构)仍在以大规模土地为基础的农业投资中发挥重要作用,且一般持有农地基金的股份。

一个值得注意的例子是由名为新兴资产管理(Emergent Asset Management)的英国/南非管理公司创建的非洲土地基金(African Land Fund),该基金与罗素集团旗下农投集团(Grainvest)合作,成立了新投农业集团(Emvest Agricultural Corporation)(见插文 8),帮助南非投资者(和其他人)将资本引入位于安哥拉、博茨瓦纳、刚果(金)、肯尼亚、莱索托、马达加斯加、马拉维、毛里求斯、莫桑比克、纳米比亚、南非、斯威士兰、坦桑尼亚、赞比亚和津巴布韦等地区的以大规模土地为基础的农业投资项目。其他南非农田基金还包括 UFF 农业资产管理基金(UFF Agri Asset Management Fund)[耆卫集团(Old Mutual)旗下非洲农业基金(African Agricultural Fund)的一个分支],在非洲农业基金的赞助下成立非洲食品和农业综合企业投资基金(Africa Food and Agribusiness Investment Fund)(Hall 和 Cousins,2015)。

一些南非政府关联实体在境外以大规模土地为基础的农业投资项目中持有股份。南非经济发展部和南非财政部建立了直接或间接参与非洲以大规模土地为基础的农业投资项目的开发性金融机构。例如,受南非经济发展部监管的南非工业发展公司(Industrial Development Corporation,IDC)近期在 17 个非洲国家投资了 41 个项目,总投资额达 62 亿南非兰特,涉及采矿、能源和农产品加工等产业(Hall,日期不详)。由南非财政部指导的南部非洲开发银行(DBSA)也为参与以大规模土地为基础的农业投资项目的南非公司提供国家资金支持(Disenyana 和 Sogoni,2013)。

另一个参与非洲境外以大规模土地为基础的农业投资的南非政府关联实体

是南非公共投资公司（Public Investment Corporation，PIC），该公司负责监管南非政府雇员养老金（South African Government Employees Pension Fund）、失业保险金（Unemployment Insurance Fund）和赔偿专员基金（Compensation Commissioner's Fund），为非洲十大农业综合企业中的七家提供支持（虎牌食品公司、先锋食品公司、南非农业服务和食品集团、依莱沃糖业、阿斯特尔食品公司、三叶草集团和唐加特-胡雷特集团）（非洲生物安全中心，2014）。

> ### ● 插文8　赞比亚新投农业集团
>
> 2008年，英国和南非联合控股的新兴资产管理公司成立了非洲农业土地基金（African Agricultural Land Fund），后与南非企业农投集团合作创建了新投农业集团。该集团是"南非、英国及其他投资者在非洲农业领域进行多元化投资的载体"，计划至少在14个非洲国家开展以大规模土地为基础的农业投资，实现到2012年总投资额超5亿美元。其核心目标是"将农业/粮食安全、非洲……社会责任投资以及经济可持续性等关键议题结合起来，在撒哈拉以南非洲广泛购买和管理农业资产，在项目选址和所涉部门两方面实现投资的多元化"。该基金规定了投资额下限，其中私人投资者为50万欧元，机构投资者为500万欧元，并标榜自己是投资者从"被低估"的非洲土地中获利的理想金融工具。新投农业集团成立了四家集团公司，分别是位于莫桑比克的新投林波波（Emvest Limpopo）、新投EEV（Emvest EEV）、深水渔场（Deep Water Produce）和位于赞比亚的新投利文斯顿（Emvest Livingstone）。
>
> 新投利文斯顿集团于2009年从赞比亚政府手中获得了卡龙加地块（Kalonga Estates），这是一片毗邻赞比西河的优质农地，面积2 513公顷，距离维多利亚瀑布仅30公里，土地租期为99年。目前用于农业生产活动的土地只有513公顷，包括110公顷的香蕉种植园和460公顷待建造的灌溉系统。该公司还计划未来种植小麦、玉米、花生和其他可能的"高价值"作物。新投农业集团坚持认为，"剩余的2 000公顷土地为下一步开展农业活动提供了绝佳机会，例如发展畜牧业或种植经济作物，或者随着该地区旅游业的蓬勃发展，开发与旅游相关的设施，例如野生动物保护区和酒店等"。因此，很难确定这块土地将用于粮食生产还是其他作物耕种，抑或是用于投机目的。新投农业集团估计，对非洲土地投机性质的投资，可给投

资者带来30%的年回报，并明确告知潜在投资者"非洲的耕地成本仅是欧洲、南美和北美同类型土地的一小部分"。

资料来源：White 等，2012；Hall 和 Cousins，2015；非洲生物安全中心，2014；引自 EAML，2010，Hall，2011b；新投利文斯顿集团网站；Hall，2011b；新投农业集团网站。

南非以大规模土地为基础的农业投资在进入模式、投资规模、投资持续期、地权安排、土地用途和商业模式等方面各不相同。这些非洲农业公司以大规模土地流转、兼并和并购东道国企业等形式开发了大量农田。虽然一些南非公司直接购买他国土地，但境外以大规模土地为基础的农业投资更为常见的形式是租赁。一宗土地投资交易所租赁或购买的土地数量从几百公顷到几万公顷不等，项目周期也有很大差异，一些南非投资者预计只要2～3年就能获得回报，而有一些投资者则签订了15～99年的租赁协议（通常可续签）。此外，根据投资的农业经营模式或农业综合企业类型不同，相关土地所生产、储存、加工和销售的商品种类也很广泛。

Hall（2011a）描述了南非跨境以大规模土地为基础的农业投资项目之间的巨大差异，指出"理解交易的多样性……需要回答一系列问题，包括投资的规模、持续期和资金来源；商品及实施的商业模式；地权安排和资源；租赁条款和补偿；人口流离失所问题的严重程度；劳动体制和创造就业情况；以及定居点和基础设施的变化"（Hall，2011a）。

Boche 和 Anseeuw 建立了一套特别有助于解释南非境外以大规模土地为基础的农业投资复杂性的类型学理论（Boche 和 Anseeuw，2013）。他们基于以下三个变量确定了六种不同的跨国大规模农田收购模式：①这些投资项目的发起和组织特征；②不同形式的跨境以大规模土地为基础的农业投资的结果、成果和可持续性；③对当地人口和发展的包容性的直接影响。他们的投资模式主要以南非在莫桑比克、马拉维、赞比亚和刚果（布）的跨境投资项目为参考，因此恰好适用于本书（Boche 和 Anseeuw，2013）。

Boche 和 Anseeuw 建立的六种投资模式分别是：

- **个体农业模式**：效仿南非的大型商业农场，个体生产者投资获得不同数量的农田（从几百公顷到几千公顷）。
- **合作社模式**：在东道国建立农民组织〔如南非商业化农民协会发起的莫桑比克农业（AgriMoz）和刚果农业〕代表农民利益，包括帮助农民获得融资，就土地使用权（通常涉及超过10 000公顷的）和有利的投资条件进行谈判，以及提供技术和制度支持并协调农业生产活动等（见插文6）。
- **1000 天模式**：采用这种投资模式的土地面积5 000～10 000公顷，由具有深厚国内外背景的开发商提供担保，并由主要外国农业综合企业、投资基金或私募股权投资者提供三年资金，这些投资者普遍想要开发成功的农业项目（通常是涉及生物燃料或其他出口型产品）。

- **资产管理公司模式**：投资基金聘请资产管理公司或总经理（后者较为少见）来收购土地，并对大米、甘蔗等不同商品生产活动进行监管（见插文 8）。
- **承包模式**：农业综合企业通过与当地或外国农民建立合同安排（如订单农业）来获得土地或初级农产品，用于供应其投资的农产品加工。
- **农业综合企业产业**：大型外国跨国公司，例如农业综合企业巨头和半国有企业，收购大片土地（通常超过 10 000 公顷），扩大投资组合，实现投资多元化，完全融入农业价值链。

3.7　南非投资者面临的挑战

Boche 和 Anseeuw 关于南非境外以大规模土地为基础的农业投资的评估中，最突出的一条结论是，虽然某些投资模式可以为当地人口带来重大利益（如承包模式）或推进东道国的国家发展目标（即农业综合企业产业模式），但"所有模式都呈现出三个共同的趋势，即投资失败率高、价值链整合趋势上升、对当地人口的包容性低"（Boche 和 Anseeuw，2013）。

投资失败或成功的因素有很多。一位受访者观察到，对非洲的"投资热潮"意味着人们投资太多太快，而且往往由于缺乏适当的规划、评估，对当地条件和潜在成本或挑战考虑不充分，从而导致投资失败。他认为，南非公司面临着几个具体的挑战[①]：

- 东道国政府实施干预，特别是政府向小农户提供种子和化肥补贴的行为会扰乱市场，导致供应端产能过剩，从而导致价格下跌，降低外国投资者和当地生产商的利润。
- 外币兑南非兰特存在变动和不确定性，使投资者面临更大的风险，尤其是在没有对冲机会的情况下风险更大。
- 在多个国家开展业务的成本更高，例如，租用办公室、住宿、聘请专家顾问和管理人员、熟悉市场并满足监管要求等，每次都需要重新开始。这意味着生产需要达到一定规模，并且要获得大量融资。
- 东道国基础设施不完善。

---

① 参见 2016 年 3 月 10 日在南非西北省波切夫斯特鲁姆镇对以大规模土地为基础的农业投资者的采访。

• 东道国监管机构严格执行法规。

此外，南非在其边境以北的个体商业农业项目有时也会失败，主要是缺乏外部融资，面临技术挑战和管理困难，以及东道国不利的生态、政治、官僚和社会经济环境等造成的制度不确定性。即使得到南非商业化农民协会等行业组织的支持，上述这些问题也会迫使农民在项目取得第一次收获前就退出（Boche 和 Anseeuw，2013；Hall，2011b）。

然而，南非商业农民也制定了一些策略来克服在其他非洲国家投资会面临的阻碍，其中一些已经取得了成功。最成功的是那些在东道国从事农业辅助性活动来扩大其本国生产经营的企业，例如，见插文 9 中的麦克斯公司（Macs-in-Moz）；或是与其他农民和农业公司合伙集中资源或从规模经济中受益的商业生产者。后者代表之一为中央果业协会（Fruti Centro），由外国个体农民和崭露头角的莫桑比克马尼卡省本地农民共同组成（Boche 和 Anseeuw，2013）。

采取合作社模式进行投资，虽然也容易面临前述问题，但由于融资便利、合同安排（包括东道国与母国政府之间的生产协议和双边投资协定）更为有利，以及伞形框架还可提供其他形式的支持，这一类模式的投资通常具有更高的成功率。例如，刚果农业成员在刚果（布）开展的一些农业生产活动正在增产，从而创造了大量就业机会（Boche 和 Anseeuw，2013）。

非洲发展新伙伴计划商业基金会（NEPAD Business Foundation，NBF）与美国国际开发署合作，就如何推动对非洲农业领域开展有意义的和可持续的公共和私人投资进行了广泛研究。这方面最重要的制约因素是本地社区、私人和公共行为者以及其他主要利益相关方之间缺乏充分、有效的沟通、合作、配合和协调。该研究强调，"缓解制约非洲发展的因素需要获得非洲人民的信任和他们对发展过程的认同"［南部非洲农业发展伙伴关系会（SAADP），2014］。投资要取得成功，需要正视地方所有权挑战问题并因地制宜地拿出务实解决方案。非洲农业实现公平、可持续的发展和繁荣的唯一途径是让"自给自足的农民与商业农场或相关发展机会建立起联系，推动农业从生计型向可行的商业型转变"，同时在当地建立中小企业，打开农产品增值空间（南部非洲农业发展伙伴关系会，2014）。

这样来看，南非最不成功的跨境以大规模土地为基础的农业投资往往是那些贪图赚快钱的项目。这类项目缺少本地社区的全面参与，给本地社区带来的好处甚微，加之包容性发展程度低，很少与当地企业建立联系，没有为东道国实现国家发展目标做出贡献。这类项目也涉及大片土地开发（大多数情况下是不受保护的当地人占有的土地），且忽视了将其中部分土地用来生产当地人消费得起的食物。一位大型农业综合企业的代表称，这类大型农场项目大部分失败的原因是，它们扼杀了大多数非洲农村赖以生存的小农生产模式①。

> **➔ 插文 9　麦克斯公司**（Macs‑in‑Moz）
> **和阿沃兹公司**（Moz Avos Limitada）
>
> 　　该案例属于 Boche 和 Anseeuw 2013 年提出的个体农民投资模式。麦克斯公司和阿沃兹公司是两家在莫桑比克注册的农业公司，归南非农民 Howard Blight 和 Christo Breytenbach 所有，且还有一位未具名的欧洲投资者也是股东。Christo Breytenbach 居住在邻近农场并对麦克斯公司和阿沃兹公司的经营管理进行监督，该投资项目是南非农业资本的对外扩张（而不是外逃）。Howard Blight 还是南非林波波省阿默森农场和苗圃公司（Amorentia Estates）的第二代所有者。
>
> 　　2010 年，Howard Blight 与莫桑比克政府就位于莫桑比克中部马尼卡省的 1 500 公顷土地签订了长期租约。这片土地不仅位置优越——毗邻贝拉走廊的一座大坝（那里的公路和铁路基础设施相对发达，靠近贝拉港便于农产品出口），而且拥有适宜的气候条件、充足的水资源和肥沃的深红色土壤。其所投资开发的两个农场中，麦克斯公司主要充当南非阿默森苗圃的"卫星城"，还生产种植高价值的水果和坚果（如柑橘、荔枝和夏威夷果）；阿沃兹公司则主要进行不同品种牛油果树的种苗繁育（其中一个品种在莫桑比克的繁育权为该公司独家享有）。截至 2014 年年底，两个农场的种植面积共计 300 公顷，剩余的 1 200 公顷正在开发或在 2016 年年底用于扩大灌溉系统。与此同时，Howard Blight 表示，他们也正在推进蔬菜生产，作为把农田改造为果园和苗圃的补偿。
>
> 　　相关公司承诺，推动实现当地的可持续和无害环境的发展，推进社区赋权，特别是通过培训、就业、与公共和私人机构建立伙伴关系以及帮助当地小农实现发展和财务安全等来践行上述承诺。
>
> 　　资料来源：阿默森农场和苗圃公司网站；麦克斯公司网站；阿沃兹公司；Aabø 和 Kring，2012。

　　采用"1000 天模式"的投资项目有可能失败。这类项目投资者主要关注快速改造土地（通常用于生产生物燃料）或出于投机目的持有土地（在地价上涨时出售）（Boche 和 Anseeuw，2013）。

---

① 参见 2016 年 3 月 8 日对南非商业化农业协会官员的采访。

最成功的南非境外以大规模土地为基础的农业投资项目通常是由成熟的高度组织化的投资者（如已有的农业综合企业或大型商业农业公司），与当地农民签订协议（而不是大面积收购土地并破坏现有的土地使用权安排和生产系统），同时与当地相关土地使用者和受到积极影响的当地社区建立密切关系。另一个关键成功因素是此类项目以包容的方式拓展当地价值链，把小规模生产者和其他当地企业结合起来，这给所有利益相关方带来了"互利共赢"的投资业绩。通过在其他国内外农业公司、当地农民组织、非政府组织以及东道国和本国政府等多方展开协调，这些投资者在东道国社区和周边地区实现了高度融合，从而对东道国社会经济和环境产生更广泛且积极的影响（Navas‐Aleman，2015；Boche 和 Anseeuw，2013）。

所有利益相关方需要共同努力，全面满足这些农民的需要，提供完整的计划——包括提供全天候培训、投入品、机械化和先进技术、融资、可靠的市场、与价值链不同领域的联系等，以便进行可持续投资并成为"非洲新型农民的催化剂"[①]。大多数成功的南非以大规模土地为基础的农业投资者都公开承认支持小规模生产者和社区发展的重要性，以及企业投资在其可持续发展中也发挥重要作用，所有这些都基于全面协商，当地人可以就开展哪些项目以及资金如何使用发表意见[②]（Navas‐Aleman，2015；世界银行，2014）。这些大多属于 Boche 和 Anseeuw 提出的承包和农业综合企业产业投资模型（Boche 和 Anseeuw，2013）。值得注意的例子包括依莱沃糖业在莫桑比克的种植者农业活动；英国南非米勒酿酒公司的包容性商业战略，即依赖于合同农业和外包给当地小型企业；以及南非农业服务和食品集团支持非洲小规模农民的多元化举措[③]（包括提供融资、农业投入品、有保障的市场以及储存和加工设施）（Hall 和 Cousins，2015）。

3.8　初步结论

南非资本跨境参与以大规模土地为基础的农业投资并不是一个新现象。南非开展境外以大规模土地为基础的农业投资有各种不同形式，项目横跨整个非洲大陆。据估计，在过去十年中，非洲 22% 的并购项目是由南非农业综合企业发起的（非洲生物安全中心，2014）。

在土地投资方面，南非投资者（尤其是农民）在至少 28 个非洲国家开展或完成了以大规模土地为基础的农业投资交易。这些投资者更青睐撒哈拉以南非洲地区那些提供优惠投资条件的国家。本书谈及的所有南非境外农业投资均

①②③　参见 2016 年 3 月 8 日对南非商业化农业协会官员的采访。

完全遵循市场基本规律，即商业利益。

区域一体化是南非经济增长的国家战略之一。该战略嵌入在许多官方文件中，例如南非国家发展计划（NDP）、南非工业政策行动计划（IPAP）、2010年南非贸易和投资政策框架以及南非国家产业政策框架（NIPF）。虽然南非国家发展计划和国家产业政策框架的一些条款与《自愿准则》一致，但两者都缺乏关于跨境投资的执行机制。事实上，南非从未引入任何立法框架来管理或规范跨境以大规模土地为基础的农业投资。

3.9　建议

现在国际社会普遍承认，非洲农业部门需要大量投资才能实现可持续发展目标。实现这些目标意味着必须以包容和负责任的方式进行农业投资，这些原则需要得到一致和全面的践行，以及要遵循本书讨论的各种国际和区域文书提出的最佳做法。由于以大规模土地为基础的农业投资涉及私营部门、政府和当地社区之间的复杂关系，这对推动践行这些国际公认原则和最佳实践的公共行动带来许多压力（Cotula 和 Blackmore，2014）。鉴于此，基于分析，南非政府、南非投资者和东道国政府应采取以下措施：

南非政府：
- 促进项目实施的透明度和问责制，强制要求投资者进行年度报告。
- 制定法律要求，使母公司对其子公司的行为更加透明化和负责任。
- 建立能力建设机制，严格监督境外投资是否遵守东道国权属和投资相关法律、负责任投资国际原则（如《自愿准则》）和南非负责任对外投资政策，对违反相关法律和原则的予以制裁。
- 建立南非境外以大规模土地为基础的农业投资登记制度，强制所有南非投资者登记和表露投资合同。登记应包括投资项目详细信息，例如涉及多少土地、项目期限、土地的预期用途、需支付的土地租金、东道国政府和投资者的权利和义务、受影响社区的权利、争议解决程序等。
- 不鼓励涉及地权转让的投资。
- 与南非和东道国的民间社会组织和私营部门代表合作，设计和实施一项公众意识运动，以确保国家官员、当地社区、私人投资者和社会公民组织了解《自愿准则》和其他文书中包含的原则，以及为推动更负责任农业投资而采取的新改革。

南非以大规模土地为基础的农业投资者：
- 进行利益相关方分析，在结束投资谈判前与受影响的社区接触。

- 要避免打破土著地权制度的稳定性，进而避免侵犯人权和他人的合法土地使用权。
- 在商业模式中纳入包容和透明的治理结构、流程、决策和申诉机制，确保人人都可获悉。
- 应用整合现有当地小农的商业模式，特别是通过签订安排（如订单农业和外包）来提高产量，使当地社区和东道国受益。
- 促进当地其他企业的参与，推动技术转让，提升当地高增值农产品的生产能力。
- 优先将妇女、儿童、青年、老人、土著人民、生计小农和其他现有土地使用者作为以大规模土地为基础的农业投资项目的目标受益人，至少确保他们不受此类项目冲击。
- 避免投机性土地投资，并确保生产一些面向当地市场本土消费的，特别是当地人负担得起的食物。
- 纳入有效的风险管理系统。
- 制定基于本地机制的争端解决策略。
- 在开展境外农业项目时争取政府的支持和认同，运用政府和社会资本合作模式。

参 考 文 献

Aabo, E. and T. Kring. , 2012. *The Political Economy of Large‐Scale Agricultural Land Acquisitions：Implications for Food Security and Livelihoods/Employment Creation in Rural Mozambique.* WP 2012‐004：January 2012. UNDP.

African Centre for Biosafety, 2014. *African an El Dorado for South Africa's Business Giants.* www. acbio. org. za.

African Union, African Development Bank and United Nations Economic Commission for Africa, 2014. *Guiding Principles on Large Scale Land Based Investments in Africa.* Addis Ababa：Economic Commission for Africa.

Agri‐SA, 2014. Annual Report 2013/2014. Centurion：Agri‐SA Amorentia Estates website. http：//www. amorentia. co. za/our‐story/history. html.

Anseeuw, W. , Boche, B. , Breu, T, Giger, M. , Lay, J. , Messerli, P and Nolte, K. , 2012. *Transnational land deals for agriculture in the global south.* Analytical report based on the Land Matrix Database. Bern/Montpellier/Hamburg：CDE/CIRAD/GIGA.

Anseeuw, W. , Giger, M. , Althoff, C. , Messerli, P. , Nolte, K. , Taylor, M. , Seelaff A. , 2013. *Creating a public tool to assess and promote transparency in global land deals：The experience of the Land Matrix.* The Journal of Peasant Studies, 40（3）.

Bachke, M. E. and Haug, R. , 2014. *Food Security in a climate perspective：What role could the private sector play regarding investment in smallholder agriculture in Ethiopia，Malawi，Mozambique，Tanzania and Zambia?* Noragric Report No. 72. Department of International Environment and Development Studies，Noragric Norwegian University of Life Sciences (NMBU) (See http：//www. nmbu. no/en/about‐nmbu/faculties/samvit/departments/noragri).

Beall, E. and Rossi, A. , 2011. *Good Socio‐Economic Practices in Modern Bioenergy Production.* Minimizing Risks and Increasing Opportunities for Food Security (See http：//www. fao. org/docrep/015/i2507e/i2507e00. pdf).

Bello, Walden, et al, 2014. *Shifting Power：Critical Perspectives on Emerging Economies.* Amsterdam：Transnational Institute.

Bernstein, H. , 2013. *Commercial Agriculture in South Africa since 1994：Natural，Simply Capitalism.* Journal of Agrarian Change，13 (1).

Buxton A. , Campanale, M. and Cotula, L. , 2012. *Farms and Funds：Investment Funds in the Global Land Rush.* IIED Briefing papers. IIED. London.

Centre for Competition, Investment & Economic Regulation (CUTS), 2003. Investment policy in South Africa：Performance and perceptions. Jaipur，India：CUTS (See http：//www. cuts‐international. org/CR_safAB. pdf).

Child, K. , 2012. *SA Farmers Go Out into Africa.* (See http：//www. timeslive. co. za/local/2012/04/20/sa‐farmers‐go‐out‐into‐africa).

Cotula L. and Blackmore, E. , 2014. *Understanding agricultural investment chains：Lessons to improve governance.* London：FAO and IIED.

Department of Trade and Industry (DTI), 2010. *A South African Trade Policy and Strategy Framework.* Pretoria：Government Printers.

DTI, 2014. *Economic Sectors，Employment & Infrastructure Development Cluster‐Industrial Policy Action Plan：2015/16‐2017/18.* Pretoria：Government Printers.

DTI, 2015. *Guidelines for Good Business Practice by South African Companies Operating in the Rest of Africa.* Pretoria：Government Printers.

De Schutter, O. , 2009. *Large‐scale Land Acquisitions and Leases：A Set of Core Principles and Measures to Address the Human Rights Challenge* [online]. UN Special Rapporteur on the Right to Food，reporting the UN General Assembly (Third Committee) and the Human Rights Council of the United Nations. (Available at http：//www. srfood. org/index. php/en/component/content/article/1‐latest‐news/127‐human‐rights‐principles‐to‐discipline‐land‐grabbing).

Disenyana and Sogoni, 2013. *Trade and Investment Opportunities in Africa：Prospects and Challenges for South African Exporters and Investors.* Export Credit Insurance Corporation of South Africa SOC，Ltd. Menlyn，South Africa.

Draper, P. , Kiratu, S. and Samuel, C. , 2010. *The Role of South African FDI in Southern*

Africa. DIE Research Project "Anchor Countries as Drivers of Regional Economic Integration – Consequences for Regional and Global Governance，and for Developing Countries"Bonn，German Development Institute.

Ducastel and Anseeuw，2013. *Agriculture as an Asset Class：Financialisation of the（South）African Farming Sector*. The Fourth Annual Conference in Political Economy，The Hague.

Economic Diplomacy Programme（EDIP），2013. *BRICS FDI：A Preliminary View*. Policy Briefing 63. Swedish International Development Cooperation Agency.

EAML（Emergent Asset Management Limited），2010. African Agri La nd Fund.（Available at https：//www. emergentasset. com/? func1/4PageAfricanLandFund）.

Emvest Livingstone website. http：//www. emvest. com/Emvest_Livingstone. html.

Emvest website. http：//www. emvest. com/about_us_social_responsible_investment. html.

Ferrando，T.，2014. *Land grabbing Under the Cover of Law：Challenges and Opportunities for South Africa and Africa*. Transnational Institute（See https：//www. tni. org/en/briefing/land – grabbing – under – cover – law）.

Fielding，M.，Davis，M.，Weitz，N.，Cummings – John，I.，Hickney，A.，Johnson，F. X.，Senyagwa，J.，Martinez，L.，and Sun，M.，2015. *Agricultural Investment and Rural Transformation：A Case Study of the Makeni Bioenergy Project in Sierra Leone*.（See https：//www. sei – international. org/mediamanager/documents/Publications/Climate/SEI –PR – 2015 – 09 – Makeni – Project. pdf）.

Franco，J.，Borras Jr.，S.，Alonso – Fradejas，A.，Buxton，N.，Herre，R.，Kay，S. and T. Feodoroff.，2013. *The Global Land Grab：A Primer*. TNI Agrarian Justice Programme，February 2013.

GRAIN，2012. Who's behind the Land Grabs? A Look at Some of the People Pursuing or Supporting Large Farmland Grabs Around the World.

Gumede，W.，2014. *The BRICS Alliance：Challenges and Opportunities for South Africa and Africa*. Chapter Five in N. Buxton and N. Bullard（Eds. ）.

Hall，R.（n. d. ） *Exporting Dualism? The Expansion of South African Capital in African Farmland Deals*. PLAAS（See http：//www. landdivided2013. org. za/sites/default/files/HALL%20 –%20SA%20farmland_%20deals. pdf）.

Hall，R.，2011a. *Land Grabbing in Southern Africa：The Many Faces of the Investor Rush*. Review of African Political Economy，38（128）.

Hall，R.，2011b. *The many faces of the Investor Rush in Southern Africa：Towards a Typology of Commercial Land Deals*（See https：//www. tni. org/files/Hall%20ICAS%20WP%202. pdf）.

Hall and Paradza，2012. *Foxes Guarding the Hen – house：The Fragmentation of 'The State' in Negotiations over Land Deals in Congo and Mozambique*. Paper presented at the International Academic Conference on Global Land Grabbing，in Cornell University，Ithaca，NY USA（See http：//www. academia. edu/27487658/Foxes_Guarding_ the_Hen - house_The_Fragmentation_ of_The_State_in_Negotiations_over_Land_Deals_in_Congo_and_Mozambique）.

Hall, R. and Cousins, B., 2015. *Commercial Farming and Agribusiness in South Africa and their Changing Roles in Africa's Agro - food System.* Presented at the International Academic Conference，5 - 6 June 2015，Chiang Mai University.

Ikegami, K., 2015. *Corridor Development and Foreign Investment in Agriculture： Implications of the ProSAVANA Programme in Northern Mozambique.* Conference Paper No. 30. Presented at the Land grabbing, conflict and agrarian - environmental transformations：perspectives from East and Southeast Asia International Academic Conference，5 - 6 June 2015，Chiang Mai University. BICAS，MOSAIC Research Project，LDPI，RCSD.

The Land Matrix Global Observatory, 2017. （See http：//www. landmatrix. org/en/）.

Macs - in - Moz website（Mission Statement）：http：//www. macsinmoz. com.

Matlala, 2014. *The* 2011 *Green Paper on Land Reform：Opportunities and Challenges - The National African Farmers Union（NAFUSA）. PER,* 17（2）（http：//dx. doi. org/10. 431 4/pelj. v17i2. 05）.

Miller, D., Saunders, R. and O. Oloyede, 2008. *South African Corporations and Post - Apartheid Expansion in Africa - Creating a New Regional Space.* African Sociological Review，12（1）.

Mlumbi - Peter, X., 2015. *South Africa's Trade and Investment Policy Presentation to the Parliamentary Portfolio Committee on Trade and Industry,* 22 *July* 2015. DTI.

Mutopo, P., 2015. *Impacts of Large - Scale Land Deals on Rural Women Farmers in Africa.* OSISA（See http：//www. osisa. org/buwa/economic - justice/zimbabwe/impacts - large - scale - land - deals - rural - women - farmers - africa）.

National Industrial Policy Framework. （See https：//www. thedti. gov. za/industrial _ development/docs/NIPF. pdf）.

National Planning Commission（NPC）, 2012. *National Development Plan* 2030 - *Our Future, Make It Work.* Pretoria：Government Printer.

Navas - Aleman, L., 2015. *Rising Powers in International Development Businesses from the Rising Powers：Traditional or Progressive Development Partners for Africa?* Evidence Report 156. Institute of Development Studies.

Nolte, K., 2013. *Large - scale Agricultural Investments Under Poor Land Governance Systems：Actors and Institutions in the Case of Zambia.* GIGA Working Papers，No. 221.

Odusola, A., 2014. *Land Grab in Africa：A Review of Emerging Issues and Implications for Policy Options.* Working Paper Number 124. International Policy Centre for Inclusive Growth. UNDP www. ipc - undp. org.

PLAAS, 2014. *International and regional guidelines on land governance and land - based investments：An agenda for African states.* Policy Brief 77. www. future - agricultures. org.

Schoneveld, G; German, L. and Mwangi, E. , 2011. *Processes of Large – Scale Land Acquisition by Investors: Case Studies from Sub – Saharan Africa.* International Conference on Global Land Grabbing, University of Sussex. Land Deals Politics Initiative (LDPI), (April), 6 – 8 (http: //iss. nl/content/download/24203/227492/version/2/file/ 45+German_ Schoneveld_ Mwangi. pdf).

Scoones, I. , Smalley, R. , Hall, R. and Tsikata, D. , 2014. *Narratives of Scarcity: Understanding the Global Resource Grab.* PLAAS Working Paper 076, Future Agricultures (See www. future – agricultures. org).

Smaller, C. , 2011. *Making Investment Work for Africa: What role for Parliamentarians?* Prepared for the seminar Making Investment Work for Africa, July 21 – 22, 2011, organised by the Pan African Parliament in collaboration with the International Institute of Sustainable Development (IISD) and the Institute for Poverty, Land and Agrarian Studies (PLAAS).

Southern African Agriculture Development Partnership Platform (SAADP), 2014. Bringing a Private Sector Voice to Agricultural Development.

Thomas, S. , 2012. *Shoprite's African expansion.* Financial Mail (http: //www. financialmail. co. za/business/2012/12/24/shoprite – s – african – expansion).

United Nations Office of the Special Adviser on Africa and the NEPAD – OECD Africa Investment Initiative, 2010. *Economic Diversification in Africa: A Review of Selected Countries.* UN and NEPAD – OECD.

USAID, 2015. *Operational Guidelines for Responsible Land – Based Investment. Landover,* MD: USAID.

Vanaik, A. , 2014. *Emerging powers: Rise of the South or a Reconfiguration of Elites?* In Boxton and Bullard (Eds). 2014.

Vermeulen, S. and L. Cotula. , 2010. *Over the Heads of Local People: Consultation, Consent and Recompense in Large – scale Land Deals for Biofuels Projects in Africa.* Journal of Peasant Studies, 37 (4).

Veterinarios Sin Fronteras. (n. d.) *Extraterritorial state responsibility: The plundering of resources in sub – Saharan Africa.* veterinariossinfronteras. org.

Von Maltitz, G. P. , and Setzkorn, K. A. , 2012. *A Typology of Southern African Biofuel Feedstock Production Projects.* Biomass and Bioenergy, 59, pp. 33 – 49.

Warner, J. , Sebastian, A. and Empinotti, V. , 2012. *Claiming Back the Land: The Geopolitics of Egyptian and South African Land and Water Grabs.* Ambiente & Sociedade, 1 – 24.

World Bank, 2014. *The Practice of Responsible Investment Principles in Larger – Scale Agricultural Investments: Implications for Corporate Performance and Impact on Local Communities.* UNCTAD Report Number 86 175 – GLB. Washington, DC: World Bank.

White, B. , Borras, Jr, S. M. , Hall, R. , Scoones, I. , and Wolford, W. , 2012. *The New*

Enclosures：*Critical Perspectives on Corporate Land Deals*. Journal of Peasant Studies，39 (3 - 4).

Zambian High Commission in South Africa，2015. *South African Farmers Plan USD* 100 *Million Annual Investment in Zambia*. （See http：//www. zambiapretoria. net/2015/ 10/01/）.

4 国别比较研究

本章由粮农组织贸易和市场司 Pedro M. Arias 和粮农组织土地权属组 Louisa J. M. Jansen 共同编写。

中国和南非投资者的决策影响因素是否有差异？他们是否对不同驱动因素做出反应？他们的投资是否追求不同的目标？他们在投资规模和投资方式上是否不同？本章探讨了其中的一些问题，比较两国之间的异同，并就非洲境外以大规模土地为基础的农业投资的未来研究途径提出一些建议。

4.1 规范框架

本书涉及大规模投资，因此主要关注大型投资者。当大型投资者进入一个国家时，他们会引起公共和私营部门的注意，特别是当这些投资活动包含基于土地的交易时。从政府角度看，投资者遵守现有规范框架的相关法律法规是事关重大的且具现实意义。同样，规范框架对外国投资者也很重要，无论有意或无意，规范框架能够对外国直接投资产生正面效应和负面效应。

一个国家的规范框架由大量机构、法律和政策工具组成，其中一些与母国有关，一些与东道国有关，而另一些则与东道国和母国都有关。

（1）投资条约

本节首先探讨监管跨境投资的现有法律框架。这类法律框架通常嵌套在投资条约和协议中。现今还没有类似于 WTO 规范国际贸易那样的全球投资条约。虽然贸易协定有时可能包含投资条款，但本章主要关注投资条约，包括双边投资协定和区域投资协定（BITs 和 RITs）。尽管所审查的跨境投资协定都没有类似于《自愿准则》中的条款，但这些文书无疑具有相关性，均旨在鼓励、便利和保护外国投资者及其投资。

中国和南非分别与非洲国家签署的投资条约数量庞大且数目相近。其中，中国签署了 34 个双边投资协定，南非签署了 23 个。由于南非也是南部非洲发展共同体（SADC）金融和投资议定书的缔约方，该议定书的条款与双边投资协定的条款相似，因此南非对外签署投资协议的数量扩大到 32 个非洲国家。

中国投资者关注投资条约覆盖地理范围，但这对南非投资者来说则无关紧要，一些南非投资者也在没有与南非签署双边投资协定的国家（如肯尼亚、莱索托、喀麦隆和贝宁）进行投资。中国方面，其农业领域的投资者只在已与中国签署双边投资条约的国家进行投资。这表明中国投资者，至少就农业领域而言，主要集中在那些政府宣布对其人员及投资提供保护的国家。Cotula 等（2016）学者进行了类似的研究，他们发现，这一现象在中国的中小型公司中更为普遍，大型中国投资者对双边投资协定则相对不太了解。但这不应推导出双边投资协定无效的结论——中国在国内推动农业对外投资，有利于双边投资协定缔约方。

尽管所有的双边投资协定都有所不同，但它们的大部分条款都属于所谓的"第一代"投资协定。其特点是目标狭隘（例如只关注经济增长），文本对投资的定义比较宽泛，因为这对外国投资者（相对于东道国而言）最有利，以及其包含的最惠国（MFN）待遇条款（最初可能是为发展中国家投资者带来益处），目前来看亟待改革（联合国贸发会，2018）。然而，南非在南部非洲发展共同体的跨境投资受到一套更为现代的法规监管——即具有超国家地位的南部非洲发展共同体金融和投资议定书。该议定书条款超越了第一代投资协议，除其他外，涵盖社会、经济和环境三个维度的可持续发展，采用以企业为基础的更明确的投资定义，并将协定限制在双边关系层面（排除最惠国待遇条款），而不是让议定书干扰第三方。南部非洲发展共同体中未与南非签有双边投资条约、但南非投资者已开展投资活动的国家包括博茨瓦纳、斯威士兰、马拉维、纳米比亚和赞比亚。

（2）母国措施

中国和南非在引导对外投资方面的做法有所不同。从制度上看，中国对外投资主要来自国有企业、拥有国家资金支持的企业或国有参股企业，而南非对外投资则大多来自私人资本。

在海外经营的中国公司受中国法律约束。此外，中国政府还颁布了进一步的企业境外投资领域的强制性规定，这些规定基于中国农业"走出去""一带一路"和南南合作等。中国力求在其商业企业中塑造负责任外国投资者的形象，同时在需要帮助的国家打造仁慈捐助者的形象。因此，由于非洲是一个粮食净进口国，中国既可以支持一项生产剑麻并出口回中国的以大规模土地为基础的大型投资，与此同时，也可以否决一项在当地生产粮食后运回中国的投资。南非也有"非洲议程"和南南合作，但几乎所有在境外投资的公司都是私营企业，其在境外开展的业务不受南非国内法的约束。指导其海外业务的（现有唯一的）政策工具是自愿性质的，因此南非对待投资者境外投资的方式是自由放任的。

中国早在 2008 年颁布了大量适用于或直接针对企业境外投资的法律规定。这些规定称为"公约""指南""办法"和"意见"，由国务院、农业部、外交部、商务部、环境保护部等部门发布。这项研究发现，一些文件隐含地涉及《自愿准则》条款。例如，《境外农业投资良好经营及社会责任公约》要求中国企业遵守和尊重当地法律和文化习俗，改善健康和教育，减少贫困，避免对环境造成危害，并努力实现互利共赢的投资结果。

在南非，多边和双边投资条约以及贸易协定试图将该国定位为"通往非洲的门户"，这既是针对南非国内投资者，也是针对非洲大陆以外的投资者。除了推动"非洲议程"、南南合作和"南北对话"外，南非政府还采取了鼓励农业投资的政策，包括资助海外农业企业。然而，南非政府倾向于不对海外负责任投资实践方面实施监管，认为这是东道国政府的责任。南非政府针对其境外投资发布的唯一的规范文书是关于南非企业在其他非洲地区从事经营活动的良好商业实践指南，且该指南属自愿性质。虽然其中一些条款与《自愿准则》的许多条款相呼应，但该指南并不涉及在土地使用权或是要求投资公司与当地人进行有效且有意义的协商等方面的相关内容。

4.2　投资驱动、投资者和投资类型

商业利益是南非农业外国直接投资的主要动因。土地、水资源和劳动力等成本增加，侵蚀了盈利空间。和其他非洲国家相比，南非拥有受过高等教育的人口（包括掌握专有技术和懂科技的人才）和充足的金融资产，这些资产也可以在非洲其他地方盈利。其主要投资者是私人公司、投资基金和养老基金，他们参与农业全产业链投资，包括直接购买、租赁或出租农场和核心农场，投资上游的投入品供应下游的运输、加工、分销等产业链不同阶段。南非农场有时会和私营公司还有国有企业建立合资企业，运用政府和社会资本合作模式，但这属于特例，并非常态。

在中国，尽管政府也在努力鼓励中国私营企业投资非洲农业，但投资的核心驱动力还是来自公共部门。与南非一样，土地和水资源的稀缺和更高的收入水平正在推高中国的生产成本，因此他们渴望将丰富的资本和合格的人才引入非洲农业。此外，中国企业也正设法发展农产品供应链，获得自然资源，从非洲收入水平和人口规模快速增长带来的农产品需求日益增长机遇中分享红利。获取商业利益是中国模式的一部分，即便在其南南合作战略下也是如此。中国高度重视农业知识转移，特别以技术转移为重点。因此，中国投资者很少投资以盈利为主要目标的养老基金，也不愿购买或租赁土地。其最常见的投资方式是与非洲政府或国有企业合资，采用建设-运营-移交模式，开发农场、核心农场和工业园区。

4.3　投资者挑战

中国和南非的投资者都明确表示对非投资具有"挑战性"。他们面临着任何外国投资者都面临的困难，包括宏观经济不稳定、官僚主义和国家干预主义（在农业和商品市场尤为明显）。然而，中国投资者特别提出的一些挑战，南非投资者选择忽略，包括：合作伙伴的技术能力有限；劳动闲暇的成本高；文化差异；政治动荡；及其（自身）海外投资经验。尽管南非投资者忽略这些挑战，但并不意味着他们与其无关。相反，这意味着南非公司对于非洲农村颇具

挑战性的投资环境向投资者提出的要求有更好的了解。

4.4 初步结论和建议

中国如果想加大对非投资，则需加强对非了解。那么政府该如何提供帮助？

就中国而言，大多数受访投资者表示对《自愿准则》知之甚少或一无所知。然而，投资者充分意识到，采用当地土地使用者反对的方式购买或租赁土地可能会引发冲突。例如，中非棉业发展有限公司为了避免冲突风险，选择不购买或租赁农田。同样，在安哥拉投资的中信建设股份有限公司和新疆北新农业集团认识到与当地社区存在土地纠纷的可能性，因而在远离当地村庄的地方开展填海作业。

案例研究还表明，一些公司尤其是来自中国的公司，倾向于依靠政府记录和当地律师的支持来确定谁对特定土地拥有合法使用权。然而，在许多低收入国家，土地记录已经过期、不准确或不存在。即使存在，识别合法权利人也并不总是那么简单。显然，后者取决于如何理解"合法"。例如，根据《自愿准则》，习俗权利被界定为"合法"，可能适用于当地社区。但根据国家立法，这些习俗权利不一定是"合法"的。公司应该意识到，仅靠遵守当地和国家的正式法律和规定，并不一定意味着已经了解了习俗地权。

中国公司采用的一些商业模式涉及与当地农民的合作安排，至少具有某种程度的包容性。投资马拉维的中非棉业发展有限公司项目为农民提供技术、种子、化肥和农药，购买和加工其生产的原棉。投资苏丹的新时代集团也有类似的模式。

总体而言，投资者似乎并不了解《自愿准则》的很多规定。不过南非投资者似乎更注意到尊重合法土地使用权和与当地社区合作的重要性。此外，他们似乎更熟悉粮安委《农业和粮食系统负责任投资原则》。至于中国，参与案例研究的公司代表表示，他们力求尊重当地土地使用权。然而，由于缺少官方土地记录，缺乏对"合法性"的各种可能解释的认识，可能不利于营造信任、透明和理解的氛围，而这对于土地使用权转让谈判至关重要。

在非中国企业正齐心协力参与负责任农业活动，遵循中央和省级层面发布的官方指南，其中有不少包含与国际自愿性标准（包括《自愿准则》）一致的规定。任期是一个主要问题。研究还发现，关于开展负责任投资面临的障碍，一方面是投资者对合法土地使用权的理解到何种程度，另一方面是有关东道国合法土地使用权数据的缺乏。这方面的缺憾会削弱东道国经济可持续增长的可能性，影响流入非洲农业领域外国直接投资的数量、方式和质量。

　　第二阶段研究将重点关注在坦桑尼亚和莫桑比克开展投资的中国企业。主要目标首先是加深我们对各利益相关方实现地权合法化方式的理解，其次是为中国政府和投资者加强地权相关工作提供指导。指导这项工作的概念框架依照《自愿准则》的条款来确定。

　　粮农组织正在与非洲各国政府和当地社区以及中国政府、商业企业和研究机构（如中国农业科学院和对外经济贸易大学）密切合作。第二阶段研究契合中国国家国际发展合作署的精神和目标，该署是中国制定对外援助战略方针、规划和政策，协调对外援助重大问题并提出建议的机构。第二阶段研究还与南南合作、中国农业农村部和中国国际贸易促进委员会的目标保持一致。第二阶段研究将有助于中国完善农业对外合作政策法规，包括为中国农业企业走出去提供一揽子服务、提供海外信息服务和推动发展能力建设工作等①。

　　从概念上讲，第二阶段研究将为分析与地权相关的角色和责任提供参考，这两者对于开展境外农业投资的尽职调查和风险评估都是必不可少的。我们将采取双轨办法来推进。第一轨为研究中国企业和坦桑尼亚、莫桑比克利益相关者如何确定地权合法性及探索相关概念、制度和法律方面情况；第二轨为探讨和评估因地权不明确而产生的问题，以及如何处理并最终解决这些问题。双轨研究的结果有望推动母国和东道国之间关于负责任平衡土地权属治理和农业土地投资的循证对话。

参 考 文 献

Cotula, L. , Jokubauskaite, G. , Fall, M. , Kakraba‐Ampeh, M. , Kenfack, P. E. , Ngaido, M. , Nguiffo, S. , Nkuintchua, T. and Yeboah, E. , 2016. *Land investments, accountability and the law: Lessons from West Africa*. IIED, London.

UNCTAD, 2018. *Recent developments in the international investment regime*. IIA Issues Note, Issue 1. UNCTAD.

---

　　① 参见 http: //en. ccpit. org/info/info _ 4028811756c1287c015773d78c010081. html.

图书在版编目（CIP）数据

中国和南非投资者视角下的对非农业境外投资 / 联合国粮食及农业组织编著；赵学尽等译. —北京：中国农业出版社，2022.12

（FAO中文出版计划项目丛书）

ISBN 978-7-109-29969-6

Ⅰ.①中… Ⅱ.①联… ②赵… Ⅲ.①农业投资－对外投资－研究－中国②农业投资－对外投资－研究－南非 Ⅳ.①F323.9②F347.034

中国版本图书馆CIP数据核字（2022）第163289号

著作权合同登记号：图字01-2022-3998号

中国和南非投资者视角下的对非农业境外投资
ZHONGGUO HE NANFEI TOUZIZHE SHIJIAOXIA DE DUIFEI NONGYE JINGWAI TOUZI

中国农业出版社出版

地址：北京市朝阳区麦子店街18号楼

邮编：100125

责任编辑：郑 君 文字编辑：范 琳

版式设计：杜 然 责任校对：吴丽婷

印刷：北京中兴印刷有限公司

版次：2022年12月第1版

印次：2022年12月北京第1次印刷

发行：新华书店北京发行所

开本：700mm×1000mm 1/16

印张：6.25

字数：120千字

定价：68.00元